AF280143

ABNORM.
Wenn Menschen zu Bestien werden.
Reportagen einer Strafverteidigerin

Astrid Wagner

Inhaltsverzeichnis

VORWORT

Dies ist kein wissenschaftliches Werk. In der forensischen Psychiatrie werden kriminelle Verhaltensweisen analysiert und klassifiziert, um daraus Schlussfolgerungen für die Frage der Zurechnungsfähigkeit der Täter und die juristische Einordnung von Straftaten zu ziehen. Die hier geschilderten Ereignisse werden aus der Perspektive einer in das Geschehen unmittelbar eingebundenen Strafverteidigerin geschildert. Hintergründe aus dem Leben von Tätern werden ausgeleuchtet, Vorgänge bei Gericht erklärt. Eine Bewertung findet jedoch nicht statt. Diese soll der Leserschaft vorbehalten bleiben.

Dieses Buch beruht auf wahren Fällen. Die darin beschriebenen Charaktere, deren Lebensläufe und Lebensumstände sind fiktional. Ähnlichkeiten mit realen Personen sind rein zufällig und nicht beabsichtigt.

Astrid Wagner

Impressum

2. Auflage, Dezember 2024
ISBN: 978-3-7693-2266-8
Verlag: BoD · Books on Demand GmbH, In de Tarpen 42,
22848 Norderstedt
Druck: Libri Plureos GmbH, Friedensallee 273, 22763 Hamburg
www.bod.de

Bibliografische Information der Deutschen Nationalbibliothek: Die
Deutsche Nationalbibliothek verzeichnet diese Publikation in der
Deutschen Nationalbibliografie; detaillierte bibliografische Daten sind
im Internet über www.dnb.de abrufbar.

Autorin und Copyright: 2023, Dr. Astrid Wagner
Website: www.anwalt-wagner.at
Portrait-Foto Dr. Astrid Wagner: © Marcus Elöd Deak
Titel-Bild: © Gerhard Häupler, www.gerhardhaeupler.at

Gerhard Häupler - geboren 1943 in Wien, besuchte ab 1969 die Wiener Kunstschule (Akt bei Professor Fritz Martintz). Im gleichen Jahr begann er ein Studium an der Alliance Française (Paris). Seit 1975 lebt und arbeitet Häupler als freischaffender Künstler in seiner Heimatstadt Wien. Anlässlich der Jubiläumsaustellung der Kunstschule Wien bekam er im Jahr 1976 den Künstlerhaus-Preis verliehen.

„Konfrontiert mit Bildern von Gerhard Häupler sehe ich vieles, was gern verdrängt wird, nicht nur von Akademien, auch von vielen Galerien und vielen, vielen Menschen. Darüber spricht man nicht. Darüber schreibt man nicht. Das malt man nicht. Das malt Gerhard Häupler."

Hermann Schürrer

SCHULD

Die kahle Landschaft grenzt an ein bleiernes Meer. Am düsteren Horizont zeichnen sich schwarze Umrisse ab. Mein Blick wandert über die schroffen Formen, die ich endlich als Schiffswracks ausmache. Immer mehr der rostigen Kähne und Schornsteine scheinen aus der Tiefe zu tauchen, schaukeln mit den Wellen, die sie bedrohlich näher tragen.

Sie sind wie meine Schuld. Lange war sie tief in meinem Bewusstsein vergraben, jetzt wird sie ans Licht kommen. Alle werden sich mit Grauen von mir abwenden.

Allmählich lichten sich die Nebelschwaden, und die Erkenntnis sickert langsam in mein Gehirn: Die schwarzen Umrisse sind nur die Falten meiner zerwühlten Bettdecke. Alles war nur ein dunkler Traum.

Der Traum, dass ich große Schuld auf mich geladen habe, hat mich in meiner Kindheit immer wieder heimgesucht. Vielleicht ist das einer der Gründe dafür, dass ich mich auf die Suche begeben habe: Nach den Gründen, aus denen Menschen Verbrechen begehen. Nach den Ursachen von Kriminalität. Wer sich mit dieser Thematik befasst, dem stellt sich diese Frage unweigerlich: Was ist das, was wir Schuld nennen?

Bei mir war es nur ein Traum, aus dem ich erleichtert aufgewacht bin. Doch es gibt Menschen, deren Geist sich in Träumen verirrt. Dunkle Träume, aus denen sie nicht mehr herausfinden.

§ 21 Abs. 1 des Österreichischen Strafgesetzbuchs (StGB) lautet: Begeht jemand eine Tat, die mit einer ein Jahr übersteigenden Freiheitsstrafe bedroht ist, und kann er nur deshalb nicht bestraft werden, weil er sie unter dem Einfluss eines die Zurechnungsfähigkeit ausschließenden Zustandes begangen hat, der auf einer geistigen oder seelischen Abartigkeit von höherem Grad beruht, so hat ihn das Gericht in eine Anstalt für geistig abnorme Rechtsbrecher einzuweisen, wenn nach seiner Person, nach seinem Zustand und nach der Art der Tat zu befürchten ist, dass er sonst unter dem Einfluss seiner geistigen oder seelischen Abartigkeit eine mit Strafe bedrohte Handlung mit schweren Folgen begehen wird.

SOHN GOTTES

„Seht mich an, ich bin der Sohn Gottes!" Sein Gesicht ist zu einer einzigen wütenden Fratze verzerrt, die schwarzen Augen quellen bedrohlich hervor. Er trägt ein weißes T-Shirt, es ist ärmellos, was seine schlanken, muskulösen Arme betont. Obwohl seine Hände mit Handschellen gefesselt sind, gelingt es ihm, das T-Shirt zu zerreißen und sich flink aus den Fetzen zu winden. Jetzt sitzt der Einundzwanzigjährige mit nacktem Oberkörper vor uns. Dunkelhäutig, durchtrainierter „Six-Pack", kein Gramm Fett zu viel. Der breite Ledergürtel mit der auffallenden bronzenen Schnalle hängt lässig an den ausgewaschenen Jeans.

Vier bewaffnete Beamte des Landeskriminalamts Wien wohnen der Einvernahme bei. Die Türe zum Nebenraum steht offen, dort halten sich weitere Beamte auf. Verstärkte Sicherheitsvorkehrungen. Der Staat muss mich, die Verteidigerin, vor meinem Mandanten beschützen.

„Mein Vater ist nicht mein Vater. Er ist weiß. Ich bin schwarz. Meine Heimat ist Tansania. Der weiße Mann hat mich geholt, als ich ein Kind war. Er hat mich mit Chloroform betäubt und vergewaltigt. Jeden Tag hat er das getan. Meine weiße Mutter und meine weiße Schwester haben zugesehen und gelacht. Es hat ihnen gefallen. Ihr müsst wissen, es sind keine Menschen. Es sind Dämonen. Und mein Vater ist der Teufel!" Ich betrachte sein Gesicht. Die Wut scheint einem anderen Gefühl gewichen zu sein: Angst. Seine dunklen Augen blicken flehend um sich, dann vergräbt er seinen Kopf in seine Arme und beginnt laut zu heulen.

Daressalam, vor zwölf Jahren

Die hoch gewachsene, schlanke Frau hält ihre Hände vors Gesicht. Der Mann, der ihr in dem kleinen Büro der katholischen Hilfsorganisation gegenübersitzt, soll ihre Tränen nicht sehen.

Sie ist eine Frau, die gelernt hat zu kämpfen. Für ihre beiden Kinder, deren Vater sich eines Tages aus dem Staub gemacht hatte. Sie hat sie alleine durchgebracht, in einem Land, das lange Zeit von wirtschaftlichen Krisen und politischer Unsicherheit gebeutelt war. Heute ist sie aus ihrem entlegenen Dorf in die Großstadt gereist, denn sie wird eine Entscheidung treffen müssen. Die Ärzte haben ihr eröffnet, dass ihre Kraft bald schwinden wird: Es ist Aids. Die Krankheit ist immer noch unheilbar, kann inzwischen aber mit regelmäßigen Infusionen in Schach gehalten werden. Doch die Behandlung ist teuer und aufwändig. Was soll aus ihren Kindern werden?

Die Entscheidung fällt ihr schwer, und sie wird noch Jahre später damit hadern. Die Hilfsorganisation bietet der Frau nur eine Lösung: Adoption, durch eine Familie in Europa. Es sei das Beste für die Kinder. Hier, in bitterer Armut mit einer kranken Mutter, hätten sie keine Zukunft. In Europa würden sie eine an christlichen Werten orientierte Erziehung erhalten. Eine gute Ausbildung. Eine Chance für ihr Leben.

Zahir ist neun, als er mit großen Augen und in Begleitung eines Mitarbeiters der katholischen Hilfsorganisation ein riesiges Flugzeug besteigt. Über mehrere Zwischenstopps landet die Maschine am

Flughafen Frankfurt am Main. Dort erwarten ihn seine künftigen Adoptiveltern, um ihn in jene bayrische Kleinstadt zu bringen, in der er seine Kindheit künftig verbringen wird.

Landeskriminalamt Wien, im Januar

Der Beamte am Schreibtisch tippt die Aussagen meines Mandanten in den PC. Es wird kein chronologisch geordnetes Protokoll, denn die Antworten passen nicht zu den Fragen des vernehmenden Beamten. Es scheint, als ob die Lebensgeschichte dieses Menschen in Trümmern vor ihm liegt. Trümmer, zwischen denen er umherzuirren scheint. Zwischen der Weite der afrikanischen Savanne seiner frühen Kindheit bis hin zu jener kleinen bayrischen Provinzstadt, in die man ihn im Alter von neun Jahren gebracht hat. Afrikanische Magie und die strenge Ordnung katholischer Riten scheinen sich in wirren Bildern zu vermischen...

Zwölf Jahre zuvor in einer bayrischen Kleinstadt

Der neunjährige Bub aus Ostafrika entpuppt sich für die europäischen Adoptiveltern als Herausforderung: Ein aufgeweckter „Wildfang", der schreiend durch die Wohnung tobt, bis die Nachbarn mit Klage drohen. Von Tischmanieren keine Spur, er muss erst lernen, mit Gabel und Messer umzugehen. „Herr, wir danken dir für diese Mahlzeit..." Wenn die Eltern und die Schwester ihr Gebet sprechen, kichert er und erntet dafür böse Blicke. Zahir muss noch viel lernen, um ein artiges, nach religiösen Vorschriften erzogenes Kind zu werden. Doch der streng gläubige Adoptivvater hat es sich zur Aufgabe gemacht, den Buben zu einem rechtschaffenen, an christlichen Werten orientierten Menschen zu erziehen.

Landeskriminalamt Wien, im Januar

Im benachbarten Raum wird die überlebende Schwester von Zahir E. als Zeugin einvernommen.

„Ich war zwölf, als Zahir zu uns gekommen ist", gibt sie zu Protokoll. „Er war ein schwieriges Kind. Die Trennung von seiner Mutter hat ihm zu schaffen gemacht. Er hat viel geweint. Ich habe versucht, ihn zu trösten, auch meine Mutter hat das versucht. Unser Vater war streng mit ihm, aber er wollte nur sein Bestes. Er wollte, dass Zahir etwas lernt, dass er eine gute Ausbildung bekommt. Zahir war ein schwacher Schüler, was aber nicht daran lag, dass er dumm gewesen wäre. Nein, er war einfach nur verträumt und verspielt. Mit zwölf, dreizehn Jahren ist er dann in falsche Kreise abgeglitten. Hat Drogen genommen, zuerst Haschisch, und dann, mit vierzehn, hat er Heroin probiert. Meine Eltern haben alles unternommen, um ihm davon loszubringen, haben ihn zuhause eingesperrt. Er hat es geschafft. Hat die Schule abgeschlossen, danach eine Ausbildung zum Koch. Der Beruf hat ihm ermöglicht, seinen Traum nach einem Aufbruch in die große, weite Welt zu verwirklichen. Er hat eine Zeitlang auf einem Kreuzfahrtschiff gearbeitet, dann in einem internationalen Hotel in Zürich. Da ist ihm seine Sprachbegabung sehr zugutegekommen. Er hat innerhalb weniger Monate perfekt Deutsch gelernt. Die letzten Weihnachten hat er in Tansania verbracht, wo er seine Mutter und seine Schwester Amna getroffen hat. Sie war um vier Jahre älter als Zahir. Auch sie war als Kind von einer europäischen Familie adoptiert worden. Sie studierte inzwischen in London Sprachen und hat nebenbei in einer Boutique gearbeitet."

Wie im Protokoll vermerkt ist, muss die Einvernahme unterbrochen werden. Die Zeugin ist in Tränen ausgebrochen.

Ein Jahr zuvor, in einem Dorf inmitten der ostafrikanischen Savanne

Zahir ist zwanzig und sieht seine Mutter nach zwölf Jahren zum ersten Mal wieder. Sie viel kleiner als er, und dick. Es ist alles ganz anders, als er sich es ausgemalt hatte. Die Mutter umarmt ihn fest, weint und streichelt seinen Kopf. Doch er spürt nichts. Sie schmiegt ihr tränennasses Gesicht an seines, es ist ihm unangenehm. Fotos werden gemacht: Zahir und seine Schwester Amna nehmen die Mutter in ihre Mitte, alle drei lachen. Die Mutter hat Amna ein orangefarbenes afrikanisches Kleid genäht. Sie posiert darin, verdreht neckisch die Augen und formt ein Kussmündchen für die Kamera. Alle scheinen fröhlich und gelöst.

Doch in Zahir macht sich eine große Traurigkeit spürbar. Er kann sich nicht erklären, woher sie kommt.

Eine Woche später sitzt er im Flugzeug und blickt hinunter auf eine Landschaft aus braunen Flecken, sich schlängelnden Linien, winzigen verdorrten Bäumchen. Sie entfernen sich immer mehr von ihm, und dann taucht er in die Wolken ein.

Nachtflug Daressalam – Zürich

Er kauert in Embryostellung auf seinem Sitz. Das weiße Rauschen der Maschinen hüllt ihn ein. Unter ihm liegt die unendliche Weite des afrikanischen Kontinents. Erinnerungen an das Erlebte tauchen auf. Das Meer. Die Sonne. Das breite Lächeln der Mutter. Die von leuchtenden, warmen Orangetönen durchfluteten Bilder beginnen sich zu drehen, lösen sich ineinander auf. In seinem Kopf das dumpfe Pochen afrikanischer Trommeln. Menschen stampfen zu rhythmischer Musik.

***

Die Reise in seine Heimat hat Zahir verändert. Sie hat etwas in ihm ausgelöst. Etwas, das lange in ihm verborgen war. Jetzt arbeitet es in ihm, will heraus aus ihm. Es beschäftigt Zahir so sehr, dass er bald keine regelmäßigen Arbeitszeiten mehr einhalten kann. Er schmeisst seinen Job hin. Beginnt, hart zu trainieren. Schläft kaum noch, und ist trotzdem stets hellwach. Immer öfter überkommt ihn ein Gefühl von Erleuchtung. Der Nebel, der über sein bisheriges Leben lag, scheint sich zu lichten. Er spürt, wie etwas aus ihm herauswill. In der Dunkelheit glaubt er schemenhafte Gestalten zu erkennen. Sind sie es, die in ihm wohnen und jetzt herausdrängen? Eines Nachts, er war eben erst eingenickt, fährt Zahir hoch: Er sieht die Fratze eines Dämons vor sich. Jenes Dämons, das weiß er dank seiner Erleuchtung, den sein Vater ihm eingepflanzt hat. Sein Vater, der Teufel. Der Teufel, der ihn, als er noch ein Kind war, mit Chloroform betäubt und vergewaltigt hat. Vor den Augen der hämisch lachenden Tochter des Teufels.

London, drei Wochen nach Weihnachten

Amna macht sich Sorgen. Seit Wochen hat sie nichts von ihrem Bruder gehört. Wenn sie ihn anruft, sagt eine Computerstimme auf Englisch: „Dieser Anrufer ist nicht erreichbar. Wenden Sie sich an Ihren Telefonanbieter."

Amna beschließt, Kontakt zu seiner in Bayern lebenden Adoptivschwester aufzunehmen. Von ihr erfährt sie, dass Zahir vor ein paar Tagen bei seinen Adoptiveltern angerufen hatte, um sie um Geld zu bitten. „Er wirkte aggressiv, hat in den Hörer gebrüllt. Meine Eltern haben ihm angeboten, die Hotelrechnung zu bezahlen, damit er nicht auf der Straße schlafen muss. Aber er hat abgelehnt. Er wurde wütend und hat die Telefonnummer blockiert. Wir befürchten, dass er wieder auf Drogen ist."

Amna erfährt jetzt die ganze Wahrheit über die schwierige Kindheit ihres Bruders. Es verstärkt ihre Sorge um ihn. Sie will Zahir nicht mehr verlieren, nachdem sie ihn nach vielen Jahren wiedergefunden hat.

Wien, im Januar

Zahir ist auf der Flucht. Vor den Dämonen, die der Teufel losgeschickt hat, um ihn zurückzuholen. Inzwischen weiß er alles. Er, Zahir, ist der Sohn Gottes. Der wiedergeborene schwarze Messias. Der Teufel hatte einst seine Söldner nach Afrika geschickt, um sich ihn zu holen. Jahrelang hat er ihn betäubt und vergewaltigt, jeden Tag aufs Neue. Hat ihm einen Dämon eingepflanzt, um seinen Geist anzuketten. Jetzt, nachdem Zahir sich von diesen Ketten befreit hat, ist der Teufel wieder hinter ihm her. Zahir hat Angst.

***

„Ich weiß wo er sich aufhält!" Amnas Stimme am Telefon klingt aufgeregt. Freunde von ihr haben auf der Facebook-Seite ihres Bruders Fotos vom Wiener Hauptbahnhof gesehen, die er dort gepostet hatte. Darunter hatte er seltsame Texte geschrieben wie „Ich bin in der Hölle. Ich bin der Sohn Gottes."

Die deutsche Adoptivschwester sagt sofort zu, Amna auf der Suche nach Zahir zu unterstützen. Sie fühlte sich immer schon ein wenig verantwortlich für ihren kleinen Bruder, dem afrikanischen Sorgenkind. Zahir hat ihr oft leidgetan, wenn der Vater wieder einmal streng mit ihm war.

***

Am Abend des folgenden Tages treffen sich zwei Frauen Mitte zwanzig in der Halle eines Hotels beim Wiener Hauptbahnhof. Die eine ist von auffallender Schönheit: Dunkelhäutig, gertenschlank, mit langen, zu Rasta-Zöpfen geflochtenen und hellblond gebleichten Haaren. Die andere wirkt ein wenig burschikos in Jeans, T-Shirt und kurzer Strubbelfrisur. Die beiden umarmen sich, als ob sie sich schon lange kennen würden. Amna ist schon seit dem Vormittag in Wien, sie hat am Bahnhof nach ihrem Bruder gesucht. Vergeblich. Morgen früh wollen sie es gemeinsam wieder versuchen, aber jetzt erst mal Essen gehen in dem gemütlichen Lokal um die Ecke. Es wird ein langer Abend, an dem sich alles um Zahir dreht. Dem kleinen Bruder mit den großen Problemen. Zahirs deutsche Schwester wirkt nachdenklich. Vielleicht war es falsch, den Buben seiner Mutter wegzunehmen, sinniert sie. Ihn auf einen anderen Kontinent zu verpflanzen. Einem Kontinent mit fremder Sprache. Fremder Kultur. Fremder Religion. Aber alle wollten nur das Beste für Zahir…

***

„Den habe ich vor zirka einer Stunde hier gesehen", erklärt der Security-Mitarbeiter des Wiener Hauptbahnhofs, nachdem die Schwestern ihm ein Foto ihres Bruders auf ihrem Handy gezeigt hat. Amna versucht wie schon so oft zuvor, ihren Bruder über WhatsApp zu erreichen. Diesmal funktioniert die Leitung, und er hebt tatsächlich ab! „Ich bin in Wien, am Bahnhof. Dort bei den Liften…" ruft sie in den Hörer. Dann bricht die Verbindung ab.

„Ich werde nach ihm Ausschau halten", verspricht der Security-Mitarbeiter. Die Schwestern gehen weiter, doch Minuten später ruft jemand nach ihnen. Es ist der Security-Mann. Sofort machen sie Kehrt und laufen zurück. Da sehen sie ihn. Er kommt die Rolltreppe nach oben. „Ist das euer Bruder?" fragt der Security-Mann. Als sie bejahen, verlangt er nach dem Ausweis des jungen Mannes. Er kramt in seinem schwarzen Rucksack, findet nichts. „Ich glaube ich hab ihn vergessen. Im Untergeschoss…" murmelt er und bewegt sich in Richtung Rolltreppe. Der Security-Mitarbeiter folgt ihm, dicht dahinter die beiden Schwestern. Unten angekommen stürmt Zahir plötzlich los, verschanzt sich dann in einer Nische vor einem Geschäftslokal. Der Security-Mann, der ihn die ganze Zeit verfolgt hat, bleibt davor stehen und tritt auf ihn zu: „Haben Sie ihn jetzt gefunden, Ihren Ausweis?". Zahir nickt, bewegt sich aus der Nische heraus, die Hände am Rücken verschränkt. Langsam, fast zögerlich. Der Security-Mann hält ihm die Hand entgegen: „Geben Sie mir Ihren Ausweis."

Es passiert innerhalb weniger Sekunden. Ein wilder Schrei aus tiefer Kehle. Ein einziger Sprung, vorbei am Security-Mann, zu dem dahinter stehenden Mädchen. Es ist zart, dunkelhäutig und hat blonde Rasta-Zöpfe. Wie ein schwarzes, wildes Tier packt er seine Beute am Hals, nimmt sie in den Schwitzkasten, holt mit der rechten Hand weit aus. Erst jetzt sehen alle, was er die ganze Zeit hinter seinem Rücken versteckt hatte: Ein riesiges Küchenmesser. Wie die Tatortbeamten später feststellen werden, misst die Klinge 20 Zentimeter und ist 4,5 Zentimeter breit.

Vernehmungszone einer Justizanstalt, im Januar

„Ich wollte Amna nicht töten. Die weiße Schwester hat mich verhext. Sie ist es, die ich töten wollte. Ich liebe Amna. Ich will sie um Verzeihung bitten, wo ist sie jetzt?"

Es ist kaum möglich, Zugang zu ihm zu finden. Er ist immer noch unter Sonderbewachung in einer speziell gesicherten, mit Kameras ausgestatteten Zelle. Die Vorführung findet unter verstärkten Sicherheitsvorkehrungen statt.

Er weiß nicht mehr, wie er nach Wien gekommen ist: „Irgendwie." Er habe sich hauptsächlich am Hauptbahnhof aufgehalten. Eigentlich hätte er einen Job suchen wollen, und eine „gute Frau" kennenlernen. Doch man habe ihn dort am Bahnhof nur beschimpft, als „schwarz" und „schwul". Er habe seine Eltern um Geld gebeten, doch die hätten ihm nur gesagt, dass sie ihn „gefickt" hätten. Daran könne er sich noch ganz genau erinnern.

„Wieso wollten Sie Ihre weiße Schwester töten?" frage ich ihn. „Weil sie zu ihm, dem Teufel gehört. Und weil sie mich ausgelacht hat." Das habe ihn so wütend gemacht, dass er kaum mehr atmen habe können. An den genauen Tatablauf könne er sich nicht mehr erinnern. Er beharrt darauf, dass er „die andere Schwester" töten habe wollen. Amna sei ihm nachgelaufen, er habe ihr noch zugerufen, sie möge weggehen…

Wenige Tage später wird mein Mandant infolge eines akut psychotischen Zustandsbildes mit fehlender Krankheits- und Behandlungseinsicht in eine forensische Justizanstalt überstellt. Infolge seines ablehnenden Verhaltens erfolgt eine Zwangsbehandlung durch neuroleptische Depotmedikation.

***

Auszug aus dem Gutachten der Universität für Gerichtsmedizin Wien: „(…) Nach dem Ergebnis der gerichtlichen Leichenöffnung ist die 25-jährige Amna E. infolge von neun Stichen, welche unter anderem zu einer Eröffnung des Herzens sowie mehrfachen, stichbedingten Verletzungen des rechten Lungenflügels und der Leber geführt haben, an innerem Verbluten eines gewaltsamen Todes gestorben."

Schwurgerichtssaal, um neun Uhr morgens

Der aufsehenerregende Fall liegt schon mehrere Monate zurück. Heute, am Tag der Hauptverhandlung in der Strafsache Zahir E., sorgt er wieder für großes mediales Interesse. „Ist es eine Mordverhandlung?" fragt mich eine Journalistin. „Ja, es geht um Mord. Doch ich gehe davon aus, dass mein Mandant in eine Anstalt eingewiesen werden wird", erkläre ich ihr.

Währenddessen postieren sich die Kameramänner vor dem Gang, über den die Angeklagten regelmäßig von der Justizwache aus der Justizanstalt zu den Sälen eskortiert werden. Die graue Metalltüre öffnet sich mit ein paar Minuten Verspätung. Der in Handschellen gefesselte Mann zwischen den Beamten ist wohl hundert Kilo schwer. Es ist eine Folge der stimmungsstabilisierenden und neuroleptischen Dauerbehandlung. Er trägt einen grauen Schlabberpulli und eine graue Hose. Sein Blick wirkt starr, die Mimik verrät keine Gefühle.

Als er sich vor den Richtertisch gesetzt hat, begrüße ich ihn kurz und frage ihn, ob er nervös sei. Er murmelt etwas in Richtung „Schon in Ordnung..."

Der Staatsanwalt plädiert auf Mord. „Wer so zusticht, kann nur den Tod des Opfers beabsichtigt haben!"

Den entscheidenden Beitrag in diesem Verfahren liefert die psychiatrische Sachverständige.

Aus dem gerichtspsychiatrischen Gutachten[1]:

„Der Beschuldigte leidet an einer paranoiden Schizophrenie mit der Entwicklung von Verfolgungsideen, Größenideen und religiösen Wahnideen in den Wochen vor der verfahrensgegenständlichen Tat. In den Tagen vor dem Tatgeschehen ist es zu einer Verdichtung der Wahnsymptomatik bis zum Auftreten von akustischen Halluzinationen und einem zunehmenden Verlust des Realitätsbezuges gekommen. Aus psychiatrischer Sicht ist die verfahrensgegenständliche Tat als psychotische Entladung zu interpretieren. Der Beschuldigte war krankheitsbedingt nicht in der Lage, das Unrecht seiner Taten einzusehen und einsichtsgemäß zu handeln. "

***

Der Fall erscheint eindeutig, die Beratung der Geschworenen dauert nicht einmal eine Stunde. Sie entscheiden einstimmig, dass Zahir E. aufgrund seiner psychischen Erkrankung keinen Mord zu verantworten hat. Stattdessen wird er in eine Anstalt für geistig abnorme Rechtsbrecher eingewiesen. Dort wird er weiterhin psychiatrisch behandelt werden. Ob und wann er entlassen wird, hängt von den in zweijährigen Abständen eingeholten psychiatrischen Gutachten ab.

***

---

[1] *erstellt von DDr. Gabriele Wörgötter*

Ich war in meiner beruflichen Laufbahn schon mit unzähligen Mord-fällen konfrontiert und habe gelernt, damit umzugehen. Ich kann mich abgrenzen, die erschütternden Bilder begleiten mich nicht bis in den Feierabend hinein. Seltsamerweise sind es aber die kleinen, scheinbar nebensächlichen Details, die mich manchmal berühren. Als ich beim Durchblättern des Gerichtsaktes im Fall Zahir E. auf die Bilder der to-ten Amna gestoßen bin, fiel mir ein Tattoo an ihrem Oberschenkel auf. „Be the rainbow in someone's cloud" stand dort in geschwungener Schrift. Der Geist ihres Bruders hatte sich in dunklen Wolken verirrt, Amna wollte der Regenbogen am Horizont sein. Sie hat ihre Liebe mit dem Leben bezahlt.

Die alte Villa stand schräg gegenüber unserem Haus. Die Wände waren von Efeu umrankt, die hohen, taubenblau gestrichenen Fensterläden stets verschlossenen. Die Schatten der dichten Bäume ließen das Gemäuer noch düsterer erscheinen. Auf mich übte es eine eigenartige Faszination aus. Ich war acht und lebte mit meiner Familie in Le Vésinet, einem für seine großzügigen Parkanlagen und Teiche berühmten Vorort von Paris. An diesem Tag stand ich vor der alten Villa und lauschte dem herzzerreißenden Weinen einer Frau, das aus einem offenen Fenster des oberen Stockwerks zu dringen schien. Zwiespältige Gefühle von Neugier, Angstlust und Mitleid befielen mein kindliches Gemüt: Welches Schicksal mag der in diesem Gemäuer eingeschlossene Mensch wohl erlitten haben? Meine Mutter hatte mir erzählt, dass sich darin ein Krankenhaus befände. Erst später habe ich erfahren, dass es sich um eine private Nervenheilanstalt handelte.

Ich wohne längst in einer anderen Stadt, doch die Villenviertel mit ihren dichten Hecken und Parkanlagen lösen bei mir bisweilen immer noch ein Gefühl von Melancholie aus. Hinter den hohen Mauern scheinen psychische Erkrankungen vor neugierigen Blicken verborgen zu bleiben. Umso gewaltiger ist die Wucht, mit der sie plötzlich herausbrechen.

RÄCHER

Eine Bar hoch über der Wiener City

Der Blick aus der getönten Glasfront ist spektakulär. Riesige, zacken-förmige Muster aus abertausenden verschiedenfärbigen Dachziegeln. Kunstvoll ziselierte, himmelwärts strebende Türmchen. Die Bar befindet sich in der obersten Etage des modernen Glaspalastes im Herzen der Wiener City. Ich liebe nicht nur den Ausblick auf das Dach des Wiener Stephansdoms, sondern auch das Ambiente aus gedimmten Licht und unaufdringlicher Lounge-Musik.

Die Frau, die mir gegenübersitzt, hat ein rundes, hübsches Gesicht.

Der rote Lippenstift betont den hellen Teint. Ihre dunkelbraun glän-
zenden Augen erinnern mich an kleine Kirschen, sie verleihen ihrem
Blick etwas Liebliches, ja Fröhliches. Und doch wirken sie unendlich
traurig an diesem späten Nachmittag. „Er hat mich auf Händen getragen…" Ihre Stimme klingt leise, fast flehentlich. Gedankenverloren
rührt sie im Milchschaum ihres Cappuccinos. Plötzlich hebt sie ihren
Kopf und sieht mich eindringlich an: „Aber ich hadere mit mir selbst.
Wieso ist mir nichts aufgefallen? Hätte ich es verhindern können?" Sie
beginnt zu weinen. Ich lege meine Hand auf ihre Schulter und erkläre
ihr: „Machen Sie sich keine Vorwürfe. Es kommt oft vor, dass die Um-
welt nichts bemerkt, wenn ein Mensch psychisch krank wird. Weil man
die Symptome falsch deutet. Weil man dem Menschen nahesteht und
man es nicht wahrhaben will. Weil man keine Erfahrung damit hat."

Wenige Wochen zuvor, an einem Abend im November

Es ist später als sonst. Harald weiß, dass sie heute nach der Arbeit mit
einer Freundin verabredet war. Jetzt, um Punkt 22 Uhr, wartet er wie
immer am Parkplatz bei der Wiener Staatsoper auf sie, um sie nach
Hause zu fahren.

Mehr als zwei Jahrzehnte sind sie inzwischen verheiratet. Harald erinnert sich heute noch an den Augenblick, als er ihr in diesem Kaffee-
haus das erste Mal begegnet war. Sie servierte dort und war zu seinem Tisch gekommen, um die Bestellung aufzunehmen. Er blickte in
dunkelbraune, fröhliche Augen. Irgendetwas ermutigte ihn zu einer
lustigen Bemerkung, was sonst gar nicht seine Art war. Ein Lächeln
huschte über ihr Gesicht. Seitdem weiß Harald, dass es so etwas wie
Liebe auf den ersten Blick gibt.

Später erfuhr er ihre Lebensgeschichte, die ihn berührte und ihm zugleich Respekt einflößte. Silvia war mit fünf Geschwistern in ärmlichen Verhältnissen am Land aufgewachsen. Schon mit vierzehn war
sie in die Großstadt aufgebrochen, um sich alleine durchzuschlagen.

Nach einem halben Jahr machte er ihr einen Heiratsantrag. Sie musste weinen, vor Glück und vor Rührung.

***

Es ist eine parkähnliche Wohnhausanlage am Rande des Wienerwalds. Vor rund einem Jahrzehnt sind sie aus der lärmenden Stadt hier hinausgezogen. Seitdem findet Harald sich jeden Abend mit seinem Auto beim verabredeten Ort bei der Oper ein, um Silvia von ihrer Arbeitsstelle in der City abzuholen. Zuhause steht das Abendessen schon am Tisch, denn beim Stadtgartenamt ist schon um vier Uhr nachmittags Schluss. Seit drei Monaten hat Harald noch mehr Zeit: Die Gemeinde hat ihm seine Stelle als Gärtner gekündigt.

***

Er erblickt sie schon von Weitem. Elegant wirkt sie, in ihrem hellen Trench-Coat und den hohen schwarzen Stiefeln. Sie hatte immer schon einen guten Geschmack, was ihr bei ihrer Arbeit als Modeverkäuferin zugutekommt. „Hallo Schatz", begrüßt sie ihn mit einem flüchtigen Kuss, nachdem sie sich auf den Beifahrersitz gesetzt hat.

Silvia weiß, wie sehr die Kündigung Harald zu schaffen macht. Er ist jetzt Mitte vierzig und war immer schon ein in sich gekehrter Mensch gewesen. Einer, der keine Freunde hat. Ein Eigenbrötler, der abends nicht gern ausgeht, sondern sich lieber mit Videospielen beschäftigt oder im Netz surft. Seit der Kündigung hat er sich noch mehr in sich verkrochen. Er sitzt oft stundenlang teilnahmslos am Sofa, und wenn sie ihn dann anspricht, scheint er sie gar nicht zu hören. Als ob er sich in diesen Momenten in einer anderen Realität befinden würde. Vor ein paar Nächten war er unvermutet aufgestanden und hatte sein Ohr an die Wand gelegt: „Hörst du das?" hat er sie gefragt, um dann zu bemerken: „In der Wohnung nebenan weint ein Kind. Es tut mir in der Seele weh…"

Silvia hört nichts und schweigt. Sie will ihrem Harald nicht widersprechen, es könnte ihn verletzen. Sie weiß, wie sensibel er in manchen Momenten sein kann.

***

Die Farben des Fotos sind längst verblasst. Es zeigt ein auffallend hübsches, schüchtern lächelndes Mädchen mit langen dunklen Haaren. „Sabrina" ist in goldenen, geschwungenen Lettern am schneeweißen Grabstein eingraviert, darunter Geburts- und Sterbedatum. Sie wurde nur sieben Jahre alt.

Sie wohnten damals noch mitten in der Stadt an einer verkehrsreichen Straße. Sie war am Weg zur Schule. Ein unachtsamer Moment, der Autofahrer reagierte zu spät.

Es war ihre einzige Tochter, und sie blieb es. Auch jetzt, fast zwanzig Jahre später, besuchen sie ihr Grab so oft es geht. Es ist seltsam: Wenn Harald länger nicht dort war, taucht Sabrina in seinen Träumen auf. Dann weiß er, er muss wieder zum Friedhof, um ihr nahe zu sein.

***

„Bist du müde?" fragt er sie, als sie am Wiener Ring in Richtung ihres Heimatbezirkes fahren. „Überhaupt nicht! Ich habe Kaffee getrunken", antwortet sie. Er schlägt vor, ein bisschen durch die Gegend zu fahren. Silvia ist erfreut. Morgen hat sie frei. Sie liebt es, mit dem Auto in der Landschaft zu kurven. Einfach so, ohne Ziel und ohne Plan. Das hatten sie früher oft gemacht, zuletzt aber immer seltener. Aus finanziellen Gründen, denn seit Haralds Kündigung müssen sie sparen, auch beim Benzin.

Sie fahren über die Außenbezirke an den Stadtrand, wo Wien mit seinen Weinreben und Winzerhäuschen schon ländlich wirkt, hinauf zur alten Höhenstrasse, die den Wienerwald durchzieht. Silvia erzählt allerlei Belangloses aus ihrem Arbeitsalltag. Von einer arroganten Kundin und davon, dass schon wieder eine Verkäuferin wegen Schwangerschaft ausfällt. Harald wirkt in sich versunken und schweigt. Als sie seine Hand streichelt, reagiert er nicht, sondern blickt starr auf die von den Autoscheinwerfern beleuchtete Straße vor ihm.

Zwei Stunden vergehen, ohne dass zwischen ihnen ein Wort gewechselt wird.

Aus einem Amtsvermerk des Landeskriminalamts Wien

Um 00:25 Uhr wurde die Hausbesorgerin der Wohnhausanlage, Christina R. (…) aufgesucht. R. gab zum Sachverhalt befragt an, dass sie gegen 21:15 einen lauten Knall von draußen hören konnte. Sie öffnete daraufhin ihr Fenster, welches in Richtung des Parks der Wohnhausanlage zeigt und sah jemanden in Richtung Stiege 3 laufen. Erkennen konnte sie diese Person jedoch nicht. Sie sah jedoch auch den Harald S., wie dieser ganz gemütlich in Richtung der Parkplätze auf der Gasse ging. Sie hat ihn gegrüßt und nickte ihr der S. noch zu. Er war bekleidet mit einer schwarzen Lederjacke und hatte seine Brille auf. Eine Waffe hat sie nicht gesehen.

Eine Nacht im November

Gegen Mitternacht biegen sie in die Gasse ein, die sie zu ihrer Wohnung führt. Silvia erschrickt, als sie die Blaulichter der unzähligen Einsatzfahrzeuge von Polizei und Rettung sieht. „Da muss etwas passiert sein!" ruft sie aus. In diesem Augenblick erkennen sie vor ihnen eine Polizeiabsperrung. Eine Zufahrt zur Wohnung ist nicht möglich. Harald bleibt gelassen. Er schlägt vor, einen Umweg zu machen, um über die Höhenstrasse von der anderen Seite zuzufahren.

Jetzt fahren sie wieder durch den Wald. Sie war vorhin schon müde gewesen, aber das Szenario hat sie beunruhigt. Sie macht sich Gedanken, warum Harald so schweigsam ist. Das viele Blaulicht, die Absperrung… Er müsste sich doch auch fragen, was da passiert sei?

Plötzlich spricht er es aus. Ohne Anlass, mitten in das nächtliche Schweigen hinein: „Ich habe einen Menschen getötet."

„Hör auf! Mit so etwas macht man keinen Spaß!" schimpft sie. Haralds Miene bleibt unbewegt: „Doch, ich habe es getan. Er war ein Pädophiler. Ich habe ihn erschossen."

Sie verspürt einen Stich. Sie weiß von der schwarzen Pistole in der untersten Schreibtischlade. Plötzlich fühlt sich alles irreal an. Der dunkle Wald, die Scheinwerfer des Autos auf der nächtlichen Straße, Haralds versteinerte Miene. Ganz fremd ist er ihr mit einem Mal geworden. Wie kann er nur so einen bösen Scherz mit ihr treiben. Sie beginnt leise zu weinen. Endlich zeigt Harald Regung. Er streichelt ihre Wange. „Sag, dass es nicht wahr ist!" flüstert sie, fast schon zornig. Er blickt sie mit traurigen Augen an, dann wendet er sich kopfschüttelnd ab.

Es ist kurz vor vier Uhr morgens, als sie ihr Auto bei der Gasse neben der Wohnhausanlage einparken. Am Fußweg zum Wohnhaus gehen sie an einer Parkbank vorbei. Jemand hat darauf Grablichter gestellt. Das rötliche Flackern wirkt unheimlich, doch Silvia hat keine Kraft mehr, darüber nachzudenken. Sie folgt Harald zu ihrer im ersten Stock gelegenen Wohnung. „Wir können da nicht hinein", flüstert er, nachdem er sich zu ihr umgedreht hat. Ein dicker Klebestreifen verdeckt das Schloss. „Polizeilich versiegelt" ist darauf zu lesen.

„Da hatte ich den Eindruck, dass er in der Realität erwacht ist", wird Silvia später der Polizei erzählen.

Aus einem Amtsvermerk des Landeskriminalamts Wien

Am 05.11.2019 um 05:07 Uhr läutet der Beschuldigte an der PI[1] (…) und gibt in der Sicherheitsschleuse an: „Ich bin der Harald S. Ihr sucht's mich. Hier bin ich. Keine Angst, ich erschieß schon keinen!" S. war offenbar in Begleitung seiner Frau – er wurde um 05:25 Uhr durch Kräfte der WEGA[2] festgenommen. Er wurde in weiterer Folge in das PAZ[3] Rossauer Lände zur Verfügung des LKA EB 1 (LL)[4] überstellt. Durch die TOGru 1[5] wurden beide Hände für eine nachfolgende Schusshanduntersuchung und Schmauchspurenanalyse gesichert (Überstülpung von Papiersäcken).

Aus dem Protokoll der Aussage der Zeugin Tanja U. beim Landeskriminalamt Wien

Ich saß mit meinem Bekannten Erich E. auf einer Parkbank im Innenhof der Wohnhausanlage. Erich E. ist Kunstmaler und bin ich ihm ein paar Mal Modell gestanden. Wir haben geraucht, geplaudert und Videos am Handy angesehen. Um etwa 21:20 Uhr näherte sich der mir von Sehen her bekannte Harald S. Er kam von seiner Stiege und ging in Richtung Gasse, wo glaublich sein Fahrzeug geparkt war. Wir haben ihm zugewunken. Wenig später kam er wieder zurück und ging auf uns zu. Er ist direkt vor Erich E. stehen geblieben, was mir merkwürdig vorgekommen ist. Plötzlich hat er eine Schusswaffe gezogen und diese direkt auf den Kopf von Erich E. gerichtet. Wir haben an einen schlechten Scherz geglaubt. Dann hat E. seine Hand schützend vor den Kopf gehalten und seinen Oberkörper hin- und her bewegt, wobei Harald S. ihm mit gezogener Waffe und ausgestrecktem Arm gefolgt ist. Schließlich sagte Harald S.: „Halt still, ist ja gleich vorbei" und drückte ab. Er hat ihm auf kurze Distanz direkt ins Gesicht geschossen. Erich E. ist zur Seite gekippt und hörte ich einen Schwall Blut auf den Boden klatschen.

---

[1] *Polizeiinspektion*

[2] *Sondereinheit der Wiener Polizei. Der Name ist von der früheren Bezeichnung „Wiener Einsatzgruppe Alarmabteilung" abgeleitet.*

[3] *Polizeianhaltezentrum*

[4] *Abteilung Leib und Leben beim Wiener Landeskriminalamt*

[5] *Tatortgruppe 1*

Ich bin in Panik aufgesprungen und über die Wiese Richtung Stiege 3 weggelaufen. Dabei bin ich gestolpert und zu Sturz gekommen. Ich habe mich aufgerappelt und dabei nach rückwärts geblickt. Dabei konnte ich wahrnehmen, dass Harald S. völlig ruhig und ungerührt Richtung Gasse gegangen ist. Hinsichtlich eines etwaigen Motivs kann ich keine Angaben machen.

Aus einem Amtsvermerk des Landeskriminalamts Wien

Da nicht ausgeschlossen werden konnte, dass sich der Täter noch in der Wohnhausanlage aufhält, wurde das zu diesem Zeitpunkt noch am Leben befindliche Opfer von WEGA-Kräften aus dem Gefahrenbereich und vor die Wohnhausanlage verbracht und dort auf dem Gehsteig abgelegt. In der Folge ist Erich E. dann ebendort verstorben. (…) Durch die eingetroffene TOGru 1 erfolgte in weiterer Folge die Spurensicherung und Dokumentation des Tatortes. Von Seiten der LKA AST West⁶ wurde förmlich die Kommissionierung des Leichnams eingeleitet. Bei der Tatwaffe handelt es sich ersten Erkenntnissen um eine Glock 17 Gen. 4, rechtmäßig zugelassen auf den Beschuldigten. Am Vorfallsort konnte eine Hülse vorgefunden werden (9 mal 19 mm) – das Projektil war vorerst nicht auffindbar.

Vernehmungszone einer Justizanstalt

Sein Blick durch die randlose Brille scheint mich zu durchbohren. Ich habe den Eindruck, dass er jede meiner Bewegungen studiert. Ich stelle mich als seine von der Ehefrau beauftragte Verteidigerin vor. Misstrauisches Schweigen. Der untersetzte Mittvierziger mit der hohen Stirn wirkt beileibe nicht so, wie man sich jemanden vorstellt, der eben erst einen Menschen erschossen hat. Ich erkläre ihm das weitere Vorgehen. Er wird in den nächsten Stunden dem Haftrichter vorgeführt werden, und dieser wird voraussichtlich die von der Staatsanwaltschaft beantragte Untersuchungshaft über ihn verhängen. Plötzlich beginnt er zu sprechen: „Ich bin Staatspolizist. Ich habe schon vierhundert

---

⁶ *Landeskriminalamt Außenstelle West*

Menschen getötet." „Aber warum denn diesen Mann?"", frage ich ihn. „Der war ein Pädophiler. Er hat Kinder brutal vergewaltigt."

Nach unserem Gespräch wird Harald S. in seine gesicherte und mit Kameras ausgestattete Einzelzelle zurückgebracht. Es besteht Selbstmordgefahr.

Wenig später wird er zur Haftverhandlung vorgeführt. Am Beginn die üblichen Formalitäten: Die Haftrichterin befragt meinen Mandanten zu seiner Einkommens- und Vermögensverhältnissen. Er bezieht Arbeitslosengeld. „Haben Sie Vermögen?" fragt sie weiter. „Ja. Hundertvierzig Millionen" kommt es wie aus der Pistole geschossen. Die Richterin blickt ihn perplex an und fragt, wo das Geld denn sei. „Auf der Meinl Bank. Es ist aus einer Erbschaft" bekommt sie zur Antwort. Jetzt erinnere ich mich an eine Erzählung seiner Ehefrau: Ihr Mann sei neuerdings felsenfest überzeugt gewesen, dass ihm jemand vor Jahren eine Erbschaft in Millionenhöhe versprochen hätte. Auf der Suche nach den Millionen sei er von Bank zu Bank gepilgert, doch das Geld sei nicht aufgetaucht. Er hatte den Verdacht, dass die Banken das Geld veruntreut hätten.

Die Haftrichterin verkündet den Beschluss auf Verhängung der Untersuchungshaft.

***

Nach der Haftverhandlung kontaktiere ich den Staatsanwalt. Er schließt sich meiner Meinung an: Die Einholung eines psychiatrischen Sachverständigengutachtens ist unerlässlich.

Nur wenige Tage später sucht die bestellte psychiatrische Sachverständige meinen Mandanten auf und veranlasst sodann seine umgehende Überstellung in die forensisch-psychiatrische Abteilung des Otto-Wagner-Spitals.

Otto-Wagner-Spital, Pavillon 23

Der düstere Backsteinbau befindet sich am äußersten Rand der park-ähnlichen Jugendstil-Anlage und beherbergt die Akutpsychiatrie. Sie umfasst nur acht Betten und wird damit den Anforderungen einer stei-genden Anzahl gefährlicher psychisch kranker Täter längst nicht mehr gerecht.

„Guten Tag, gnädige Frau", begrüßt Harald S. mich mit einem feinen Lächeln. Er freut sich offensichtlich, mich zu sehen. Das Ambiente hier ist ganz anders als in der Justizanstalt: Der Raum ist in warmen Orangetönen gestrichen. Kein Glas, kein Gitter, von Insassen gemalte Bilder an den Wänden.

Dann fragt er mich unvermittelt: „Wann bringen Sie mich raus von hier, Frau Doktor?"

Ich versuche ihm klarzumachen, dass das nicht so einfach ist. Da fällt er mir ins Wort: „Hat sich dieser Polizist schon bei Ihnen gemeldet?" Ich schüttle den Kopf, um ihn dann zu fragen: „Wissen Sie, warum Sie hier sind?" „Weil ich einen erschossen habe!" kommt zur Antwort. „Und warum sind Sie dann hier, in einer psychiatrischen Abteilung, und nicht im Gefängnis?" frage ich weiter. „Weil die glauben, dass ich deppert bin!" „Deppert ist nicht das richtige Wort", erkläre ich ihm. „Es besteht bei Ihnen der Verdacht, dass Sie die Tat unter dem Ein-fluss einer Psychose begangen haben. Dass Sie also in Verkennung der Realität, im Wahn gehandelt haben." Er blickt mich ungläubig an. „Vieles an Ihren Angaben deutet darauf hin. Es stimmt zum Beispiel auch nicht, dass sie 140 Millionen auf der Bank haben" erkläre ich wei-ter. Harald S. verdreht die Augen und bemerkt mit zynischem Unter-ton: „Das haben die sich also schon eingesteckt…"

Er scheint sich in einem bizarren Alptraum zu bewegen. Zeitliche Ab-läufe sind bei ihm völlig durcheinandergeraten. Er glaubt, schon seit einem Jahr im Pavillon untergebracht zu sein. Als ich ihm erkläre, dass es nur zwei Wochen sind, blickt er mich ungläubig an. Er weiß, dass er einen Menschen getötet hat. Er weiß, dass „die anderen" ihn für verrückt halten. Doch er beharrt darauf, in einem geheimnisvollen Staatsauftrag gehandelt zu haben. Vertraut darauf, dass ein Polizist sich bei mir melden und Klarheit bringen würde. Und doch scheint ihm zu dämmern, dass „die anderen" recht haben könnten. Dass etwas in seinem Kopf nicht stimmt…

Haftverhandlungssaal einer Justizanstalt

Mein Mandant wird von zwei Justizwachebeamten in den kleinen Verhandlungssaal geführt. Über seinem mintgrünen Anstaltspyjama trägt er eine Military-Jacke, dazu Ledersticfeletten.

„Herr S., mir liegt nunmehr das psychiatrische Sachverständigengutachten vor", beginnt die Haftrichterin. „Demnach leiden Sie an einer schweren Erkrankung aus dem schizophrenen Formenkreis. Vermutlich handelt es sich um eine anhaltend wahnhafte Störung, wahrscheinlich eine paranoide Schizophrenie. Es ist davon auszugehen, dass Sie zur Tatzeit nicht zurechnungsfähig waren. Es wird daher die Untersuchungshaft in eine vorläufige Anhaltung umgewandelt werden. Haben Sie mich verstanden?"

Harald S. blickt die Richterin ratlos an, um dann zu erklären: „Ich bin aber nicht psychisch krank. Sie wollen mich für krank erklären, weil ich gesagt habe, dass ich Staatspolizist bin!" Die Richterin nimmt seine Worte zu Protokoll. Die Stimme von Harald S. wird immer dünner, schließlich murmelt er in sich hinein: „Wieso haben die den nicht weggeräumt, wie all die anderen…" „Wie viele Menschen haben Sie denn umgebracht, Herr S.?" fragt ihn die Richterin. „Vierhundertdreiundsiebzig!" antwortet mein Mandant mit ruhiger Stimme. „Die sind alle binnen weniger Minuten weggeräumt worden. Aber diesmal haben sie ihn liegen gelassen…" Er schüttelt langsam den Kopf, sein Blick wirkt leer. Die Richterin verkündet den Beschluss auf weitere Anhaltung.

Dann wird mein Mandant abgeführt und in das Otto-Wagner-Spital zurückgebracht.

Aus dem gerichtspsychiatrischen Sachverständigengutachten:[7]

(…) Eigentlich hätte er sich für diesen Mord mehr Zeit lassen können, aber zwei Tage davon sei Putin bei ihm in der Wohnung gewesen. Sie hätten miteinander Tee getrunken und Putin hätte zu ihm gemeint, er solle möglichst rasch handeln. (…) Auf Nachfrage, ob ihn schon öfters Staatsoberhäupter in der Wohnung besucht hätten, gibt der Beschuldigte an, dass das nicht der Fall gewesen sei, er aber Putin, Orban und Strache schon in der U-Bahn getroffen und er sich mit diesen „nett" unterhalten hätte. Er sehe es „natürlich" als seine Aufgabe an, die Welt von schlechten Menschen zu befreien. Diese Aufgabe erledige er schon seit „gut 10 Jahren".

***

„Der Bub ist untragbar. Wenn das so weitergeht, werde ich mich von dir trennen müssen." Seitdem der sechsjährige Harald einen Halbbruder bekommen hat, hat sich das Verhalten seines Stiefvaters ihm gegenüber stark verändert. Ursprünglich hatte er den unehelichen Sohn seiner Frau wie ein eigenes Kind akzeptiert. Jetzt aber findet er, dass der Bub „zu viel frisst" und „hyperaktiv" sei. Vielleicht hat er recht, denkt sich die Mutter immer öfter. Vieles an Harald erinnert sie an dessen Vater. Harald ist das Kind einer Affäre mit einem verheirateten Mann, der nicht daran dachte, sich scheiden zu lassen. Die Mutter sehnte sich jedoch nach einer intakten Familie und trennte sich schließlich von diesem „Heiratsschwindler", wie sie ihn später nannte. Was Harald betrifft, so hat ihr neuer Partner wohl recht. Er ist ein schwieriges Kind, und eine Gefahr für die Harmonie der kleinen Familie.

Harald kommt ins Heim.

---

[7] *erstellt von DDr. Gabriele Wörgötter*

Der erwachsene Harald S. wird später stets behaupten, „eine schöne Kindheit" gehabt zu haben. Dass er seit dem sechsten Lebensjahr im Heim aufgewachsen ist, weiß außer seiner Frau niemand. Er glaubt nicht, dass er Narben davongetragen hat.

Aus dem gerichtspsychiatrischen Sachverständigengutachten:[8]

Direkt befragt, ob er Stimmen höre oder jemals gehört habe, gibt der Beschuldigte an, mehrmals Stimmen von „weit weg" gehört zu haben. Je nachdem, ob diese Stimmen gut oder schlecht aufgelegt wären, würden sie entweder schimpfen oder, wenn sie gut aufgelegt wären, ein Lied singen. Um welche Lieder es sich genau handelt, könne er nicht genau sagen – „lustige Lieder halt".

***

In den folgenden Wochen besuche ich meinen Mandanten regelmäßig. Zumeist an Wochenenden, und dann verbinde ich den Besuch mit einem ausgedehnten Spaziergang in den angrenzenden Wald, der auf eine Warte mit schönem Ausblick auf Wien führt. Die Bewegung in der Natur ist für mich ein wichtiger Ausgleich. Ich atme den herrlichen Duft von Wiesen und Wäldern und lasse meinen Gedanken freien Lauf.

Harald S. nimmt seit zirka sechs Wochen Psychopharmaka, als ich ihn erstmals unverblümt darauf anspreche: „Glauben Sie immer noch, dass Sie für die Staatspolizei arbeiten?" Er blickt mich mit großen Augen an. Zweifelt er? Oder wird er weiterhin auf seiner fixen Idee beharren? „Nachdem sich niemand gemeldet hat, wird das wohl nicht stimmen?" fragt er dann leise. Die Medikamente haben ihn sediert, doch seine Fragen haben sie nicht beantworten, die Ängste nicht nehmen können.

„Es ist wohl so, als ob man aus einem seltsamen Traum aufwacht",

---

[8] *erstellt von DDr. Gabriele Wörgötter*

werfe ich nach einer kurzen Pause ein. „Oft wird einem erst langsam bewusst, dass alles irreal war. Nur ein Traum." „Ein Alptraum!" flüstert er. „Ja, ein Alptraum", bestätige ich. „Mit dem Unterschied, dass das Schreckliche real passiert ist." Harald S. blickt mich immer noch mit großen Augen an. Er wirkt äußerlich ruhig, aber ich möchte mir nicht vorstellen, welche Gefühlsstürme in seinem Inneren toben. „Doch Sie sind nicht daran schuld. Sie sind psychisch krank. Jemand, der fahrlässig einen tödlichen Verkehrsunfall verursacht, trägt mehr Schuld", füge ich hinzu.

***

Allmählich lerne ich meinen Mandanten kennen und entdecke dabei eine facettenreiche, durchaus empathische Persönlichkeit. Er hat einen feinen, ein wenig eigentümlichen Humor. Er spricht mich oft als „gnädige Frau" an und freut sich immer über meinen Besuch. Immerhin verbringt er den ganzen Tag in seiner Zelle, nur unterbrochen durch einen einstündigen Spaziergang in einem kleinen, hinter hohen Mauern verborgenen Garten. Er kann nicht Fernsehen oder lesen, seine Augen beginnen schon nach kurzer Zeit zu schmerzen, und die Konzentration lässt rasch nach.

Ein prachtvoller Tag im Juli

Großer Schwurgerichtssaal des Landesgerichts für Strafsachen Wien. Hier findet heute die Hauptverhandlung in der Strafsache Harald S. statt. Die tragischen Ereignisse jenes Novembertages, welche durch die Aussagen der Zeugen heute wiederaufleben, wirken weit weg, beinahe schon unwirklich.

„Ist eh gleich vorbei", habe er gesagt, „ohne die Miene zu verziehen, und dann abgedrückt", schildert die Zeugin Tanja U. die Erschießung ihres guten Freundes, die sie hautnah miterleben musste. „Ich dachte, ich werde die Nächste sein. Ich bin sofort aufgesprungen und davongelaufen." Ein „herzensguter Mensch" sei er gewesen, ihr erschossener Freund, und an diesem Tag habe er Geburtstag gehabt... Sie kramt ein Papiertaschentuch hervor und wischt sich eine Träne aus ihrem Augenwinkel.

„Der Herr Harald war immer freundlich und nett" erklärt die Hausbesorgerin, die den Knall gehört hat. „Sind die deppert, schießen die jetzt schon Silvesterraketen?", habe sie sich gedacht und das Fenster geöffnet, um nachzuschauen. Da sei der Herr S. vorbeispaziert und habe sie freundlich gegrüßt. „Hilfsbereit und nett" sei er gewesen, erfährt man von einer Hauspartei. Eine andere erzählt, dass er den Kindern im Sommer immer Eis gekauft habe, ein weiterer Nachbar hat ihn als „unauffällig und höflich" erlebt.

„Sie brauchen keine Angst haben, die Pressefotografen haben den Saal inzwischen verlassen", beruhigt die vorsitzende Richterin und ersucht die Zeugin, ihre Sonnenbrille abzunehmen. Silvia S. gehorcht und schiebt ihr Kopftuch aus weißer Spitze ein wenig zurück. „Mein Mann hat mich auf Händen getragen. Ich war seine Prinzessin, sein Ein und Alles. Und auch für mich ist er mein Ein und Alles. Ich werde ihn immer lieben und für ihn da sein", erzählt sie mit leiser, zittriger Stimme. „Hat er Ihnen auch gesagt, dass er für die Staatspolizei tätig sei?" fragt die Richterin. Silvia S. schüttelt den Kopf: „Wissen Sie, er hat mich immer beschützt. Ich glaube, er wollte mich nicht belasten..."

„So viel Pech muss einer einmal haben", flüstert Harald S. mit ausdrucksloser Miene. „Wie meinen Sie das?" wird er von der Vorsitzenden gefragt. „Na dass einer einen Wahn entwickelt und dann einen Unschuldigen tötet", erklärt er ihr. „Woher wissen Sie denn, dass Sie krank sind?", fragt die psychiatrische Sachverständige nach. „Weil es in den Akten steht", lautet seine Antwort.

Harald S. wisse heute, dass er krank sei, erläutert die Psychiaterin den interessiert lauschenden Geschworenen. Aber: Er könne es nicht spüren. Die Krankheitseinsicht sei ein wichtiger Schritt, dem aber noch viele folgen müssten, bis die Krankheit, eine anhaltende wahnhafte

Störung, eines Tages vielleicht außerhalb der Anstaltsmauern behandelt werden könne.

Die Geschworenen folgen ihrer Empfehlung und befinden, dass Harald S. zum Tatzeitpunkt nicht in der Lage war, das Unrecht seines Handelns einzusehen. Er wird in eine Anstalt für geistig abnorme Rechtsbrecher eingewiesen.

Das Opfer Erich E. hinterlässt einen dreizehnjährigen Sohn.

„Die Seele ist ein weites Land" lautet ein berühmtes Zitat des Arztes und Schriftstellers Arthur Schnitzler. Als Strafverteidiger ist man immer wieder mit den Abgründen der menschlichen Seele konfrontiert. Ich bin von Natur aus neugierig und will sie ergründen. Mich erinnert die menschliche Psyche eher an einen tiefen Ozean. Dieses Bild eignet sich auch, um eine Wahnsymptomatik zu erklären: Realitätsverzerrungen führen zu unkorrigierbaren, fixen Ideen. Gleich steilen, schroffen Inseln ragen sie aus dem Meer der Persönlichkeit. Die Wahrnehmungsverzerrung ist nämlich in aller Regel auf das konkrete Wahnthema fokussiert, während andere Persönlichkeitsbereiche davon völlig unberührt bleiben. Ein Mensch, der zum Beispiel unter Eifersuchtswahn leidet, ist durchaus in der Lage, vernünftige Entscheidungen in anderen, etwa vermögensrechtlichen, Angelegenheiten zu treffen. Doch die Wahnsymptomatik greift zusehends um sich. Gleich einem schleichend wirksamen Gift beginnt sie, ihre fatalen Auswirkungen auf das Leben der Betroffenen und seiner Angehörigen zu entfalten. Bis es eines Tages zur finalen Katastrophe kommt ...

UNTREU

Aaron E. (53) ist ein stolzer Mann.

Fünfunddreißig Jahre ist es her, seitdem er aus dem kleinen ägyptischen Dorf nach Österreich gekommen war. Seine Eltern waren Angehörige der christlichen Religionsgemeinschaft der Kopten gewesen. Fleißige, anständige Menschen, die es jedoch in dem muslimischen Land nicht leicht hatten. Er war aufgebrochen, um ein besseres Leben zu finden. Und er hat es geschafft: Ein Reihenhaus in einer grünen Wohngegend am Rande Wiens. Zwei wohlgeratene, inzwischen erwachsene Kinder. Der Sohn hat eine kleine EDV-Firma aufgebaut, die Tochter ist gerade achtzehn geworden und wohnt noch zuhause. Sie will Psychologie studieren.

Am allerstolzesten ist Aaron E. aber auf seine Frau Shirin. Er hat sie vor bald dreißig Jahren als neunzehnjähriges Mädchen während eines Heimaturlaubs geheiratet und nach Österreich geholt. Sie ist immer noch eine wunderschöne Frau mit weiblichen Rundungen und dichten, schwarzen Locken.

Dabei ist Shirin auch klug und fleißig. Sie hat in Österreich eine Ausbildung zur Krankenschwester absolviert und arbeitet in einem großen Wiener Krankenhaus. Was ihn selbst betrifft, so musste Aaron E. vor einigen Jahren wegen starker Rückenbeschwerden seine Tätigkeit als Chauffeur aufgeben und in die Invaliditätspension gehen. Das hat sich bei ihm auch psychisch ausgewirkt, denn Aaron E. ist ein traditionell eingestellter Mensch, für den Werte wie Fleiß und Pflichtbewusstsein einen hohen Stellenwert haben. In den letzten Jahren wurde er zusehends von Selbstzweifeln geplagt. Er macht sich ständig Sorgen, oft über Alltäglichkeiten. „Grübelzwang" hat man ihm beim psychosozialen Dienst attestiert und Antidepressiva verschrieben. Dazu kommt das ständige Misstrauen anderer gegenüber. Ein besonders hohes Gut stellt für ihn die eheliche Treue dar. In Wien wird jede dritte Ehe geschieden, inzwischen spricht man nur mehr von „Lebensabschnittspartnern". Das passt nicht in das Weltbild von Aaron E., denn für einen gläubigen Christen wie ihn bedeutet Ehe Treue bis in den Tod.

Freilich entgeht ihm nicht, dass seine schöne Frau die Bewunderung anderer Männer auf sich zieht. Sie weiß das auch, und betont ihre körperlichen Vorzüge durch geschmackvolle Kleidung. Im Gegensatz zu ihm ist sie ein fröhlicher Mensch, der gerne lacht und ausgeht. Wie lange wird es dauern, bis sie ihn unter dem dekadenten Einfluss westlichen Denkens betrügt? Es gibt Tage, an denen Aaron E. sich in derlei Gedanken regelrecht hineinsteigert. An denen er stundenlang an Ideen feilt, wer seiner Frau nachstellen könnte, und wem sie ihre Gunst schenken könnte…

Einer, um den seine dunklen Gedanken schon seit Monaten kreisen, ist ein erst kürzlich eingezogener Bewohner eines der Nachbarhäuser.

***

„Glaubst Du, ich bin taub, blind und blöd? Er macht dir schöne Augen, und dir gefällt das! Ich komme euch schon auf die Schliche!" Aarons schwarze Augen funkeln böse. Shirin versucht, ihn zu beschwichtigen: „Aaron, was redest du? Du steigerst dich in etwas hinein, das es nur in deinem Kopf gibt..." Ihre sanften Worte machen ihn nur noch wütender. Glaubt sie wirklich, dass er so blöd ist? Seitdem dieser Nachbar eingezogen ist, ist ihr sexuelles Interesse an ihm, ihrem Ehemann, fast völlig erloschen! Hingegen macht sie sich morgens besonders hübsch, um dann rein „zufällig" auf diesen Nachbarn zu treffen... Längst hat er begonnen, Beweise für ihre Untreue zu sammeln. Er durchsucht heimlich ihre Handtasche, checkt ihr Handy, und neuerdings stöbert er sogar im Badezimmereimer nach Slip-Einlagen. Er versteckt sie im Kasten hinter seinen Anzügen. Vielleicht finden sich darauf DNA-Spuren?

***

Der Baum im Wohnzimmer ist schon bunt geschmückt. Morgen, am Heiligen Abend, wird man im Kreise der Familie zu Abend essen. Für koptische Christen findet Weihnachten zwar erst im Jänner statt, doch Familie E. lebt seit Jahrzehnten in Österreich und hat sich den hiesigen Gebräuchen angepasst. Leider gilt dies auch für den Stress und die Hektik, die die Tage vor dem Fest prägen. Vor allem Shirin steht unter großem Druck: Im Job geht es rund, und trotzdem muss sie sich um das Essen kümmern und Geschenke besorgen. Die extreme Ruhelosigkeit seiner Frau entgeht Aaron nicht, und er hat dafür eine Erklärung: Der Nachbar und seine Avancen stecken dahinter...

Aus dem Anlassbericht des Landeskriminalamts Wien

E. Aaron gab gegenüber den ersteintreffenden UEB[1] an, dass er seine Gattin Shirin E. reglos in der Badewanne aufgefunden habe. Durch die UEB konnte festgestellt werden, dass das Opfer in der Badewanne des im ersten Stock befindlichen Badezimmers lag. Der Kopf befand sich unter Wasser. Durch den RD[2] wurde der Tod festgestellt. (...) E. Aaron gab gegenüber den UEB an, dass seine Gattin gegen 15:00 Uhr in die Badewanne ging. Er war sehr müde und habe sich niedergelegt. Als er gegen 22:40 vom Läuten der Türglocke munter wurde, habe er seine Frau reglos in der Badewanne gefunden und sofort die Rettung verständigt.

Vernehmungszone einer Justizanstalt

Er fixiert mich mit seinen stechend schwarzen Augen. Hilfesuchend, prüfend, zweifelnd? Der Blick lässt sich schwer deuten. Das dicke Glas der Hornbrille lässt die Pupillen abnorm groß wirken. Er redet wie ein Wasserfall, während er nervös zwischen zerknitterten Zetteln blättert.

„Herr E., das, was Sie in Händen halten, ist der Beschluss über die Verhängung der Untersuchungshaft", erkläre ich ihm. „Ihr Bruder hat mich gestern als Verteidigerin engagiert. Die Staatsanwaltschaft wird Gutachten in Auftrag geben. Ein gerichtsmedizinisches, und ein psychiatrisches. Das alles wird dauern. In der Untersuchungshaft brauchen Sie zweierlei: Vertrauen in den Anwalt. Und Geduld."

Aaron E. sagt jetzt nichts mehr, sondern nickt artig. Er ist ein kleiner, mit seinen kurzen schwarzen Haaren und dem schon ein wenig ergrauten Schnauzbärtchen bieder wirkender Mann. Gestern habe ich in meiner Kanzlei seine beiden in Österreich lebenden Brüder kennengelernt. Brave, anständige Einwanderer, die es hier zu bürgerlichem Wohlstand gebracht haben.

---

[1] *Polizeiliches Kürzel für: Uniformierter Exekutivbeamter*

[2] *Polizeiliches Kürzel für: Rettungsdienst*

***

Die Weihnachtsfeiertage sollten eigentlich die stillste Zeit des Jahres sein. Nicht so bei Anwälten: Die Angestellten sind auf Urlaub, und so bleibt alles an mir hängen. Kurz nach achtzehn Uhr hat der letzte Klient die Kanzlei verlassen. Endlich habe ich Zeit, meinen neuen Akt in der Strafsache Aaron E. zu studieren.

Aus dem Protokoll der Einvernahme des Beschuldigten Aaron E. beim Landeskriminalamt Wien

Am gestrigen Tag, den 23. Dezember ca. 14 oder 15:00 Uhr war ich allein mit meiner Frau zu Hause. Ich stellte sie wieder zur Rede, ob sie Sex mit einem fremden Mann hat. Zum ersten Mal hat meine Frau zugegeben, dass sie Sex mit einem fremden Mann hatte. (...) Es hat mich aus der Bahn geworfen. Ich fühlte mich bestätigt in meinen Vermutungen. Dann kam es zu einem großen Streit. Es gab mein Wort und dann ihr Wort, immer wieder, immer lauter. Dann habe ich sie geschubst. Ich kann mich jetzt erinnern, dass meine Frau noch vor dem Streit heißes Badewasser eingelassen hat. (...) Ich wurde immer zorniger, stand unmittelbar neben der Badewanne. Dann drückte ich sie unter Wasser. (...) Ich kann nicht sagen, wie lange ich sie unter Wasser drückte.

Frage: Wollten Sie Ihre Frau töten?

Antwort: Nein, es ist mir passiert. Dann habe ich geduscht, mir war dann schwindlig und ich wusste nicht, was ich machen soll. Dann habe ich mich im Schlafzimmer in das Bett gelegt und bin eingeschlafen. Erst als meine Tochter an der Glocke geläutet hat, wurde ich wach.

Vernehmungszone einer Justizanstalt

Aaron E. hat seine Aussage nicht unterschrieben, und als ich sie ihm beim nächsten Haftbesuch vorhalte, erklärt er mir auch, warum: „Die Polizistin hat mich bei der Einvernahme unter Druck gesetzt! Ich weiß nur noch, dass ich meine Frau gestoßen habe und sie dann in die Badewanne gefallen ist…" Doch auch nicht unterschriebene Geständnisse können in der Hauptverhandlung verwertet werden, mit einer Art juristischen Trick: Die Polizistin wird bestätigen, dass Herr E. genauso ausgesagt hat, wie sie es protokolliert hat.

Aaron E. will unbedingt zur Aufklärung des Sachverhalts beitragen, wenngleich auf andere Art und Weise: „Vielleicht sollten wir einen Detektiv einschalten, um diesen Nachbarn zu überführen?" Seine dunklen Augen fixieren mich hoffnungsvoll, fast flehend. „Nein, derzeit ist das keine gute Idee. Warten wir mal die Ergebnisse der Gutachten ab", wehre ich sein Ansinnen ab. Sein enttäuschter Blick erweckt mein Mitleid. Mein Mandant ist kein gefühlloser Mörder. Im Gegenteil, er ist ein von gewaltigen Emotionen gebeutelter Mensch. Da sind innere Dämonen, die ihm keine Ruhe lassen. „Ja, ich gebe es zu, ich habe meine Frau kontrolliert. Weil ich sie geliebt habe!" räumt er ein. Er spricht ohne Groll über sie: „Meine Frau hat mich auch geliebt! Dieser Nachbar hat sie manipuliert! Er war es, der alles zerstört hat!"

Jetzt, in der Untersuchungshaft, gilt seine größte Sorge nicht der zu erwartenden Strafe, sondern seiner Tochter: Sie sei ein naives Mädchen, ob ihr Bruder sie wohl unterstützt? Dabei ist es gerade die Tochter, die ihren Vater belastet. Sie hat bei ihrer polizeilichen Einvernahme gewalttätige Eifersuchtsszenen des Vaters gegenüber ihrer Mutter zu Protokoll gegeben. Sie besucht ihren Vater nicht, und auch der Sohn besucht ihn nur selten. Ich lerne ihn persönlich kennen, als er Unterlagen seines Vaters in meine Kanzlei bringt. Ein attraktiver junger Mann in ausgewaschenen Jeans zum türkisfarbenen Hemd, der kaum Ähnlichkeit mit meinem Mandanten hat. Er wirkt reserviert. Ich habe den Eindruck, dass er die unfassbare Tat seines Vaters nicht wahrhaben will und weit von sich wegschiebt.

Aus dem gerichtspsychiatrischen Gutachten[3]

Das Wesentliche an einem Wahn ist, dass er mit unverrückbarer Gewissheit bei der betroffenen Person besteht. Bei Herrn Aaron E. ist es so, dass er gegenüber dem gefertigten Gutachter angibt, keinerlei tatsächlichen Beweis dafür zu haben, dass seine Frau fremdgegangen ist. Er hat aber unbedenkliche Lebenssituationen in krankhaft übersteigerter Weise fehlinterpretiert.

***

Die Tat geschah zu Weihnachten, jetzt stehen die Osterfeiertage vor der Türe. „Herr E., das hier wird Sie jetzt zum Nachdenken bringen", erkläre ich meinem Mandanten und krame das soeben eingetroffene, rund fünfzig Seiten umfassende gerichtspsychiatrische Gutachten aus meiner Aktentasche. „Darin steht, dass Sie die Tat unter dem Einfluss einer schweren psychischen Störung begangen haben. Sie leiden unter paranoider Schizophrenie. Im konkreten Fall in Form eines Eifersuchtswahns. Sie waren demnach außerstande, das Unrecht Ihrer Tat zu erkennen." Mein Mandant lächelt wie immer höflich. Ich fürchte, dass er mich nicht verstanden hat und versuche es mit einfachen Worten: „Im Gutachten steht, dass Sie krank sind. Und nicht böse!"

Die weiteren Ausführungen hinsichtlich der Heilungschancen lasse ich erst einmal außen vor. Sie würden meinen Mandanten nur irritieren, wenn er sie denn überhaupt versteht: „Offensichtlich gehört Herr E. der kleinen Gruppe paranoider schizophren Erkrankter an, die ein hochgefährliches Aggressionspotenzial im Rahmen wahnhafter Überzeugungen entwickeln. Dadurch steigt das an sich geringe Risiko für eine erneute Tötungshandlung, diese liegt ca. ein Prozent, um ein Vielfaches."

Bevor ich aufstehe, sage ich es ihm auf den Kopf zu: „Sie haben sich das alles nur eingebildet. Ihre Frau hatte gar kein Verhältnis mit diesem Nachbarn!" Aaron E. widerspricht sofort: „Aber sie hat es zugegeben!" Der Zorn, der bei diesen Worten aus seinen Augen blitzt,

---

[3] *erstellt von Univ. Prof. Dr. Peter Hofmann*

lässt erahnen, wie sehr ihn seine kranken Gedanken noch quälen. Ich schüttle den Kopf: „Wahnkranke wie Sie können einen starken psychischen Druck aufbauen. Vielleicht haben Sie Ihre Frau so lange mit Ihren falschen Verdächtigungen traktiert, dass ihr psychischer Widerstand irgendwann zusammengebrochen ist. Und sie etwas zugegeben hat, dass gar nicht gestimmt hat." Dann verabschiede ich mich von ihm und verlasse den Vernehmungsraum. Ich habe das Gefühl, einen völlig ratlosen Menschen zurückgelassen zu haben.

Schwurgerichtssaal

Der Mann, der an diesem dunkelgrauen Novembermorgen auf der Anklagebank eines Schwurgerichtssaals sitzt, hat nicht mehr viel gemeinsam mit jenem Aaron E., den ich vor fast einem Jahr in den Weihnachtsfeiertagen kennengelernt hatte. Er wirkt behäbig in seinem dunkelgrauen Anzug. Die starke Gewichtszunahme ist auf die antipsychotische Medikation zurückzuführen, die er seit Monaten erhält. Sie haben auch seine Persönlichkeit verändert.

„Sie können ihre Mappe jetzt ablegen, die Fotografen haben den Saal verlassen", erklärt die vorsitzende Richterin in freundlichem Tonfall. Aaron E. legt die graue Flügelmappe, die er sich vors Gesicht gehalten hatte, auf den Pult und blickt unsicher um sich. Ich bemerke das leichte Zittern seiner kleinen Hände. Er ist heute kein Angeklagter, sondern ein „Betroffener": Die Staatsanwaltschaft hat aufgrund der Schlussfolgerungen des gerichtspsychiatrischen Sachverständigengutachtens keine Anklage wegen Mordes erhoben. Paranoide Schizophrenie ist im rechtlichen Sinn eine „geistig-seelische Abartigkeit höheren Grades", die ihn außer Stande setzte, das Unrecht seiner Tat einzusehen oder dieser Einsicht gemäß zu handeln. Aaron E. kann daher nicht dafür zur Verantwortung gezogen werden. Aufgrund seiner hohen Gefährlichkeit müsse er aber, so die Staatsanwaltschaft, in eine Anstalt für geistig abnorme Rechtsbrecher eingewiesen werden.

Die vorsitzende Richterin ist erfahren, ich kenne sie von vielen anderen Schwurgerichtsprozessen. Sie wirkt stets freundlich, kann aber auch sehr bestimmt und hartnäckig sein, wenn es gilt, einer Sache auf den Grund zu gehen. Heute beweist sie viel Geduld bei der Befragung von Aaron E. Er spricht so leise, dass man ihn kaum versteht, und seine Antworten kommen nur zögerlich. Er wirkt zerfahren, bisweilen verwirrt. Wenn er nicht mehr weiterweiß, zieht er seinen Kopf ein, als ob er sich verkrümeln wollte, und flüstert: „Ich kann mich nicht erinnern."

Eine langjährige Arbeitskollegin der Ermordeten tritt in den Zeugenstand. Was sie erzählt, macht die Tragweite des Kontrollwahns bewusst, den Aaron E. in Bezug auf seine Ehefrau entwickelt hatte. Er hatte sie täglich zur Arbeit begleitet und wieder abgeholt. Manchmal schien er sich sogar während der Arbeitszeiten in ihrer Nähe aufzuhalten, tauchte etwa plötzlich hinter einer Säule auf: „Er hat mich angestarrt. Es war gespenstisch." Da habe sie Shirin darauf angesprochen. Sie habe bedrückt gewirkt: „Mein Mann ist krank vor Eifersucht, ich kann nicht mehr…" Die Kollegin riet zur Trennung, woraufhin Shirin wörtlich gesagt habe: „Ich kann mich nicht von ihm trennen. Das würde ich nicht überleben."

Nach dieser beklemmenden Aussage sind die Sachverständigen am Wort. Den Anfang macht der Gerichtsmediziner. Er ist seit Jahrzehnten im Geschäft und versteht sein Handwerk perfekt. Und er ist geübt darin, komplexe Sachverhalte für Laien verständlich vorzutragen. Seine Schlussfolgerungen sprechen gegen Aaron E.: Dessen Version vom Tathergang sei nämlich mit der Auffindungslage der Leiche – sie lag in rechter Seitenlage, die Füße Richtung Siphon weisend, in der Wanne – nicht in Einklang zu bringen. Shirin E. ist nicht durch einen Unfall ertrunken. Sie wurde ertränkt. Währenddessen beobachte ich eine Geschworene beim Blättern in der Tatortmappe. Das Wasser, in dem der Leichnam lag, war rötlich verfärbt, sodass man nicht auf den Wannengrund sehen konnte. Nach dem Ablassen des Wassers hatte man dort eine Hautschere gefunden. Wie sich später herausstellte, hatte Aaron E. seiner Frau tiefe Schnitte am Handgelenk zugefügt. Um einen Suizid vorzutäuschen? Um sicherzustellen, dass die Frau wirklich tot ist? Er weiß es nicht.

Draußen hat es heftig zu regnen begonnen. Es ist jetzt so dunkel im Saal, dass die Gerichtsdienerin die Neonlampen einschalten muss. Das kalte Licht scheint das Unbehagen, das die bedrückenden Schilderungen ausgelöst hat, noch zu verstärken.

Am Schluss erteilt die Vorsitzende dem psychiatrischen Sachverständen das Wort. Der erfahrene Professor, der den Betroffenen ein paar Monate zuvor untersucht hat, beschreibt den gespannt lauschenden Geschworenen, wie sich bei ihm über die Jahre eine schwerwiegende paranoide Psychose entwickelt hat. Da waren Brüche in seinem Leben, mit denen er nicht fertig wurde. Der Verlust des Arbeitsplatzes. Die dadurch erzwungene, in seinem Kulturkreis unübliche Rollenverteilung mit der Frau als Ernährerin der Familie, die ihm zu schaffen machte. Irgendwann, als er mit seiner Frau am Nachbarhaus vorbeispaziert war, glaubte er wahrzunehmen, dass sie auf ein Fenster starrt. Wie er dann erfuhr, war dort der neue Nachbar kürzlich eingezogen. Es war der erste Funken eines bösen Verdachts. Aaron E. hat ihn über Jahre weitergesponnen, verdichtet, zu einem ganzen Wahngebäude ausgebaut. Er entwickelte Überzeugungen wie jene, dass seine Frau ihre Dienstpläne regelmäßig mit den Arbeitszeiten des Nachbarn abstimmt. Wie verheerend psychische Erkrankungen sich doch auswirken können, sinniere ich, während ich in den Gesichtern der Geschworenen zu lesen versuche. Die Ausführungen des Professors scheinen sie in den Bann zu ziehen. Die Tat vom 23. Dezember des Vorjahres war der Höhe- und zugleich Schlusspunkt jener Abwärtsspirale, welche die schwere psychische Erkrankung bei Aaron E. ausgelöst hat. Ein Leben wurde ausgelöscht, eine Familie zerstört.

Am Schluss kommt der Professor auf die Prognose zu sprechen, und die ist beim Aaron E. leider denkbar ungünstig: Er bekommt jetzt in der Haft stärkste Antipsychotika. Sie haben eine stark sedierende Wirkung, jedoch vermochten sie die Wahnsymptomatik nicht aufzulösen. Aaron E. ist immer noch davon überzeugt, dass seine Frau ihn mit dem

Nachbarn betrogen habe. Theoretisch könnte ein Betroffener nämlich auch nur „bedingt eingewiesen" werden: In diesem Fall würde er unter der Auflage einer strengen Depotmedikation auf freien Fuß gesetzt werden. Das kommt hier aber auf keinen Fall in Betracht: Vom Betroffenen gehe, so der Sachverständige, nach wie vor eine große Gefahr aus. Seine Frau ist zwar tot, aber es bestehe die Gefahr, dass er in Bezug auf eine andere Person eine derartige Wahnsymptomatik entwickle. Etwa zur Tochter, mit der er ein problembehaftetes Verhältnis habe.

Nach diesen Ausführungen fragt die Richterin, ob es noch Beweisanträge gibt. Ich verneine. Es ist alles gesagt. Schluss des Verfahrens. Aaron E. wird abgeführt, während die acht Geschworenen sich in das kleine Zimmer neben dem Gerichtssaal zurückziehen, um über den Wahrspruch, den sie fällen müssen, zu beraten. Das Gericht hat an sie mehrere Fragen formuliert: Die Hauptfrage richtet sich darauf, ob der Betroffene seine Frau mit Mordvorsatz getötet hat. Sollten die Geschworenen diese Frage verneinen, haben sie eine Eventualfrage zu beantworten: Sie folgt der Version von Aaron E., wonach seine Frau im Zuge der Rangelei im Badezimmer verletzt worden und sodann ertrunken sei. In diesem Fall hätte er das Delikt der fahrlässigen Tötung zu verantworten. Von entscheidender Bedeutung ist aber die Zusatzfrage: Sie ist darauf gerichtet, ob der Betroffene aufgrund seiner psychischen Erkrankung außer Stande war, das Unrecht seines Handelns zu erkennen oder dieser Erkenntnis gemäß zu handeln. Bejahen die Geschworenen diese Frage, wird Aaron E. als zurechnungsunfähig eingestuft. Er wird dann trotz Bejahung der Haupt- oder Zusatzfrage nicht wegen Mordes oder fahrlässiger Tötung verurteilt werden, jedoch aufgrund seiner Gefährlichkeit in eine Anstalt für geistig abnorme Rechtsbrecher eingewiesen.

Ich verbringe die Wartezeit bei einem Espresso im Gerichtsbuffet. Zwei Gerichtskiebitze[4] , die die Verhandlung verfolgt haben, gesellen sich zu mir. Eine Stunde vergeht. Noch immer kein Anruf der Gerichtsdienerin auf meinem Handy. Ich war davon ausgegangen, dass die Geschworenen nur kurz beraten würden, der psychiatrische Sach-

---

[4] *Umgangssprachliche Bezeichnung für Zuschauer bei Gerichtsprozessen*

verständige hatte die schwere psychische Erkrankung meines Mandanten doch eindrucksvoll erläutert. Trotzdem werde ich jetzt ein bisschen nervös. Ich bestelle einen zweiten Espresso. „Ist doch eh alles klar", meint einer der Kiebitze, um dann weiter zu fragen: „Oder doch nicht, Frau Doktor?" Nein, so einfach ist das nicht. Es liegt nämlich allein in der Hand der Geschworenen, zu welchem Wahrspruch sie kommen. Theoretisch könnten sie die Zusatzfrage auch verneinen – nämlich dann, wenn sie zum Schluss kommen, dass Aaron E. sehr wohl zurechnungsfähig sei. „Wie beim Grazer Amokfahrer!" wirft mein Gesprächspartner ein[5]. „So ist es. Man merkt es Ihnen an, dass Sie sich viel mit diesem Thema befasst haben", lobe ich ihn. In diesem Moment läutet mein Handy. „Anonym" scheint am Display auf. Es ist die Gerichtsdienerin. Die Geschworenen sind zu ihrem Wahrspruch gelangt.

Sie haben die Zusatzfrage einstimmig bejaht. Aaron E. ist kein Mörder, da er zum Tatzeitpunkt aufgrund einer paranoiden Psychose nicht zurechnungsfähig war. Er wird in eine Anstalt für geistig abnorme Rechtsbrecher eingewiesen, wo man ihn weiterhin behandeln wird. Ob und wann er von dort entlassen wird, wird von einem Gericht auf Grundlage der in jährlichen Abständen eingeholten psychiatrischen Gutachten entschieden werden. Auf alle Fälle wird dies nur unter der Auflage einer streng kontrollierten Depotmedikation erfolgen können.

---

[5] *Der 26jährige Alen R. war von mehreren psychiatrischen Gutachtern untersucht worden, die zu gänzlich unterschiedlichen Schlussfolgerungen hinsichtlich seiner Zurechnungsfähigkeit gelangt waren. Ein daraufhin eingeholtes Obergutachten kam zum Ergebnis, dass er zur Tatzeit nicht zurechnungsfähig gewesen sei. Die Geschworenen setzten sich darüber hinweg. Alen R. wurde wegen Mordes zu lebenslanger Haft verurteilt.*

Gering ausgeprägte Formen von Persönlichkeitsstörungen werden in der Psychiatrie als Persönlichkeitsakzentuierungen bezeichnet. Sie werden nicht als krankheitswertig eingestuft, eine Unterbringung in eine Anstalt für geistig abnorme Rechtsbrecher erfolgt daher in aller Recht nicht. Der Einfluss einer Persönlichkeitsakzentuierung kann jedoch vom Gericht als strafmildernd gewertet werden.

LEBENSLÜGE

„Auf die nächsten fünfzwanzig Jahre!" Richard nimmt das Sektglas vom Tablett und blickt in die Runde. Seine Augen glänzen, Wehmut spiegelt sich darin wider. Was wissen die jungen Kollegen schon darüber, wie sich das Leben eines Endfünfzigers nach mehr als zwei Jahrzehnten in der harten Finanzbranche anfühlt. „Wisst Ihr, Arbeit ist nicht alles. Ich will kürzertreten. Auch Monique zuliebe..." Mit einem einzigen Schluck kippt er den Frizzante hinunter. Das kühle Prickeln tut gut, die Büroluft hat seine Kehle ausgetrocknet.

Sie lächelt ihm aufmunternd zu. Das enge, smaragdgrüne Kleid bringt ihre zierliche Figur perfekt zur Geltung. Ihre vollen, kastanienbraunen Haare hat sie heute hochgesteckt. Es steht ihr gut, sie hat feine Gesichtszüge und hohe Backenknochen.

Monique ist zwanzig Jahre jünger und seine zweite Frau. Richard hat die Französisch-Dolmetscherin bei einem Kongress kennengelernt. Nach zwei Jahren kam seine Frau der Affäre auf die Schliche. Richard musste ausziehen. Es folgte ein erbitterter Rosenkrieg, der mit einer großzügigen Ausgleichszahlung für die Ehefrau befriedet wurde. Die Hochzeit fand aufwändig im Kreise von Moniques großer Familie in ihrer Heimat Frankreich statt, die Flitterwochen führten sie an Griechenlands einsame Strände. Ein Jahr später wurde Tochter Chantal geboren. Sie ist sein fünftes Kind.

***

Richard N. sollte sich glücklich schätzen: Nach fünfundzwanzig Berufsjahren gehört er zu den Top-Finanzberatern einer renommierten Investment-Bank. Die kleine Büro-Feier ist Anlass, Resümee zu ziehen. Doch es will sich kein Glücksgefühl einstellen. Richard N. muss sich eingestehen, dass er sein Leben sogar als unglücklich empfindet. Er fühlt sich irgendwie gefangen darin. Ausgelaugt. Überlastet. Monique ist eine schöne, elegante Frau, die kostspielige Geschenke, gesellschaftliche Empfänge und Urlaubsreisen zu schätzen weiß. Die Unterhaltszahlungen für die Ex-Frau und die studierenden Kinder verschlingen monatlich hohe Summen. Nesthäkchen Chantal, inzwischen fünfzehn, lebt gerade in vollen Zügen ihre Pubertät aus und entpuppt sich als echtes Sorgenkind: Ein Freund aus zweifelhaften Milieu, Probleme mit Drogen und Polizei. Ihr Vater ist stets zur Stelle, um sie aus brenzligen Situationen heraus zu holen.

Richard N. ist sich seiner Verantwortung bewusst. Als Führungskraft in einem auf die Veranlagung großer Vermögen spezialisierten Unternehmen, und als Familienvater. Er ist keiner, der mit seinen Sorgen hausieren geht. Er ist einer, der es gewohnt ist, einsame Entscheidungen zu treffen. So ist das nun mal bei Menschen, die ganz oben an der Spitze stehen.

***

„Haben Sie das Geld schon auf meine Hausbank transferiert?" Richard N. starrt auf das E-Mail, das sein Sekretariat soeben auf sein Mac-Book weitergeleitet hat. In den letzten Monaten hatte er nichts von ihr gehört. Er hatte sie und die Sache mit dem Geld völlig verdrängt.

Erika S. gehörte zu seinen ersten Kunden. Vor 25 Jahren hatte ihm die betuchte Witwe die Veranlagung ihrer beträchtlichen Erbschaft anvertraut. Richard N. war knapp dreißig und stand am Anfang seiner Karriere. Welcher Teufel hatte ihn bloß geritten? Anstatt das Geld dem

Wunsch der Kundin entsprechend konservativ zu veranlagen, hatte er damit spekuliert. Und investiert, zum Beispiel in ein sportlich-elegantes Fahrzeug, und in den Aufbau eines Finanzberatungsunternehmens, das jedoch alsbald wieder geschlossen wurde. Am Schluss hatte sich das Geld irgendwie verflüchtigt. Richard N. war noch jung und optimistisch. Er vertraute darauf, dass er die fehlende Summe wieder auffüllen würde. Später, wenn die Geschäfte gut laufen würden.

Doch dann kam vieles dazwischen. Der Hausbau. Die Scheidung. Und Monique. Eine Frau mit hohen Ansprüchen.

***

Ihr Kuss hat ihn aufgeweckt. Er richtet sich auf seinem Liegestuhl auf und blickt ihr nach, wie sie den Strand hinuntergeht. Sie ist ganz nackt. Hier hat kein Fremder Zutritt, sie haben den Ferien-Bungalow samt Privatstrand exklusiv angemietet. Diese fließenden Bewegungen... Sie hatten ihn von Anfang an fasziniert. Ihre langen, von Sonne und Meerwasser gebleichten Haare flattern im Wind. Sie bleibt stehen, um sie sich hochzustecken. Er nimmt sich vor, sich dieses Bild für immer einzuprägen: Das türkisfarbene Meer, das am unendlichen Horizont den azurblauen Himmel berührt. Ihr makelloser, weißer Rücken. Die endlos langen Beine. Die weiße Gischt der sich brechenden Wellen. „Komm ins Wasser, es ist angenehm warm!" ruft sie ihm zu, bevor sie sich in die Brandung stürzt. Er winkt ihr zu: „Später!"

Er versucht, wieder einzuschlafen. Es gelingt nicht. Tausende Gedanken kreisen in seinem Kopf. Eigentlich hasst er Urlaub. Keine Termine mit Kunden, die ihn ablenken. Keine Konferenzen, die seine volle Konzentration in Anspruch nehmen. Kein Druck, der zu neuem Tatendrang herausfordert. Jetzt, in diesen trägen, sonnendurchfluteten Nachmittagsstunden an einem einsamen Strand dringen die vergrabenen Ängste ungehindert in sein Bewusstsein. Zermartern sein Gehirn. Vergiften seine Stimmung. Lähmen seine Energie.

Manchmal, wenn er kurz vor dem Einschlafen ist, erscheint plötzlich ein Gesicht vor seinen Augen. Es ist jenes von Erika S., seiner ersten Kundin. Sie blickt ihn ernst und vorwurfsvoll an.

***

Das nächtliche Gedankenkreisen. Inzwischen hat er eine Strategie entwickelt, um es zu durchbrechen. Erika S. hat den Achtziger längst überschritten. Sie hatte nie Kinder und lebt alleine in ihrer geräumigen Villa. Es gab zwar einen Neffen, den sie geliebt und dem sie ihr Erbe versprochen hatte, doch der ist vor wenigen Jahren tödlich verunglückt. Im Fall ihres biologischen Todes würde niemand das Erbe beanspruchen. Der Jahrzehnte zurückliegende Vermögensverlust bliebe für immer unentdeckt. Solche Gedankenspiele beruhigen ihn und erleichtern das Einschlafen.

***

„Sie Verbrecher!" Ihr Gesicht ist zu einer grotesken Fratze verzerrt. Ihr kleiner Mund spuckt unentwegt giftige Worte aus. Der dunkelrote Lippenstift läuft entlang tiefer Furchen. „Sie haben mich um mein Vermögen gebracht. Ich werde Sie vernichten!" Als er in ihre Augen blickt, erschrickt er. Sie sind schwarz vor Wut.

Im nächsten Augenblick ist er wach und liegt schweißgebadet in seinem Bett. Es war wieder dieser Alptraum, der ihn aus dem Schlaf gerissen hat. Das Gedankenkreisen beginnt wieder, will kein Ende nehmen. Nicht einmal die Gedankenspiele über ihren nahenden biologischen Tod helfen mehr, es zu durchbrechen. Es muss eine Lösung geben.

***

Er genießt ihr volles Vertrauen. Und das will was heißen, denn Erika S. gilt als misstrauisch und griesgrämig. Ihn aber hat sie schon mehrfach in ihre Villa eingeladen. Sie haben Kaffee getrunken und über Gott und die Welt diskutiert, und natürlich auch übers Geld. Denn materielle Werte spielten immer schon eine zentrale Rolle im Leben von Erika

S. Trotz ihres beträchtlichen Vermögens führt sie ein bescheidenes und zurückgezogenes Dasein. Keine großartigen Urlaube, nur ab und zu ein bisschen Bergwandern. Keine kulturellen Unternehmungen, nicht einmal Restaurantbesuche sind drin. Manche fragen sich, wofür Erika S. so eisern spart. Denn das letzte Hemd hat keine Taschen, sagt man.

**

Was ist das für ein Leben, in dem man sich nichts gönnt? Ist so ein Leben überhaupt lebenswert? Philosophische Gedanken, die ihn zusehends beschäftigen. Vor allem nachts, wenn er sich unruhig im Bett wälzt. Die paar Jahre, die sie noch hat, sind sie es wert? Sie ist unglücklich, kann ihr Leben nicht genießen. Und für ihn ist ihr Leben eine stete Last, mit der er nicht fertig wird. Er könnte ihn auch beschleunigen. Ihren biologischen Tod.

Mit der Zeit werden die Gedanken konkreter. Es reift so etwas wie ein Plan in ihm. Ein Plan, den er, da ist er sich sicher, niemals ausführen wird. Aber es beruhigt ihn, dass es ihn gibt. Er nennt ihn den finalen Plan.

Er stellt sich vor, wie er sie in ihrer Villa aufsucht. Sie würde ihm nichtsahnend die Türe öffnen und einen Kaffee anbieten. Wie immer würde er auf der Küchenbank beim Herrgottswinkel Platz nehmen. Wenn sie sich dann zur Anrichte umdrehen würde, um die alte Filter-Kaffeemaschine zu befüllen, würde er zuschlagen. Womit? Richard N. kann später nicht mehr sagen, wie er auf darauf gekommen ist: Mit einem Sparstrumpf. Er würde ihn mit Münzen befüllen. Bis er ganz schwer ist. Richard N. malt sich in Gedanken aus, wie er damit auf den Kopf von Erika S. schlägt. Mit aller Wucht, unerbittlich, gnadenlos. Damit es schnell vorbei ist. Für sie, damit sie nicht lange leiden muss. Und für ihn, damit er es hinter sich gebracht hat. Und endlich frei ist! Während er in Gedanken auf den Kopf von Erika S. eindrischt, verspürt er, wie das heimelige Gefühl der Erleichterung durch seine Venen fließt. Die verzweifelt umherirrenden Gedanken beruhigen sich, und er schläft ein.

***

Wie jedes Jahr verbringen Monique und Chantal auch diesen August bei ihren Eltern in Frankreich. Früher war er oft mitgefahren, doch in den letzten Jahren waren immer wieder berufliche Verpflichtungen dazwischengekommen. Früher hatten sie täglich telefoniert, jetzt ruft sie nur mehr sporadisch an. Und ausgerechnet dann kann er gerade nicht reden, weil er in einem Meeting ist. Monique ist die Frau, die er liebt, mehr noch: verehrt. Gerade darin liegt sein Dilemma: Er kann diese schöne, anspruchsvolle Frau nicht ins Vertrauen ziehen und mit seinen Problemen belasten. Er hat das Gefühl, dass die Distanz zwischen ihnen immer größer wird. Dass sie ihm langsam entgleitet...

„Richard, das kann so nicht weitergehen. Du hast ein Burn-Out, nimm dir Urlaub!" Die scharfe Stimme seines jungen Kollegen reißt ihn aus seinen Gedanken. Ja, er hat Recht... Die jüngste Fehlkalkulation hatte er allein zu verantworten, und sie hatte ein tiefes Finanzloch in der Bank hinterlassen. Noch so einen Schnitzer kann er sich nicht mehr erlauben.

***

Inzwischen nehmen die Bilder seines bösen Gedankenspiels immer mehr Form an: Er stellt sich vor, wie er Täterkleidung anziehen würde. Einen sportlich-legere Kapuzenpulli zum Beispiel. Und natürlich Handschuhe. Die Sachen würde er nach der Tat dann entsorgen. Nur ja keine Spuren hinterlassen! Er würde ein Leihauto anmieten, unter falschen Namen. Sein Handy würde er nicht mitnehmen. Die Polizei soll nicht herausfinden, wo es zur Tatzeit eingeloggt war.

Er feilt an einem Plan, den er nie verwirklichen will. Manchmal schaudert ihm vor sich selbst.

***

„Herr N., wann kommen Sie vorbei? Wir müssen das mit meinem Geld jetzt endlich erledigen!" Erika S. ruft ihn mittlerweile nahezu täglich an. „Ich komme am Sonntag mit allen Unterlagen. Bis nächste Woche ist alles geregelt", beschwichtigt er sie.

Eilmeldung der Austria Presse Agentur

Die Pensionistin Erika S. (83) ist gestern in ihrem Haus in (…) einem Gewaltverbrechen zum Opfer gefallen. Die Leiche weist schwere Kopfverletzungen auf. Unweit ihres Anwesens ereignete sich ein schwerer Verkehrsunfall. Ein bis dato unbekannter Mann hat offenbar versucht, sich durch einen Sprung auf die Autobahn das Leben zu nehmen. Die Polizei vermutet einen Zusammenhang mit dem Verbrechen an der Pensionistin. Die Ermittlungen sind im Gange.

Vernehmungszone einer Justizanstalt

Er blättert in den vor ihm liegenden Unterlagen. Seine Hände sind wohlgeformt und gepflegt. Er nimmt die Lesebrille ab und schaut mich direkt an. Er hat kantige, maskuline Gesichtszüge, und dennoch wirkt er feinsinnig. Es sind wohl seine Augen. Sie sind von einem ungewöhnlich hellen Grau und blicken mich ein wenig skeptisch, aber freundlich an.

Mein neuer Klient ist gebildet und erfolgreich. Ein schillerndes Mitglied der besseren Gesellschaft. Er passt nicht in die Welt des Gefängnisses.

Und doch hat er vor wenigen Tagen eine Lebensbeichte abgelegt. Hat den Mord an Erika S. gestanden und dabei keines der grauenhaften Details ausgelassen. Hat den Beamten freimütig über die Hintergründe erzählt. Über das jahrzehntelang veruntreute Geld, und den Beginn seiner Lebenslüge. Ohne dazu gezwungen sein, hat er Details preisgegeben, die für einen raffinierten Plan sprechen. Ein überschießendes

Geständnis nennt man das, wenn ein Verdächtiger mehr zugibt, als die Polizei ihm nachweisen kann. Warum, frage ich ihn, haben Sie damals auf einen Anwalt verzichtet? „Ich wollte reinen Tisch machen", antwortet er. „Mein Gewissen erleichtern." Was wäre geschehen, wenn dieser Nachbar, der während der Tat angeklopft hatte, ihn beim Verlassen des Grundstücks nicht gesehen hätte? Wäre die Tat für immer unentdeckt geblieben? Oder hätte er mit seiner Schuld nicht weiterleben können? Spekulationen, die jetzt nichts mehr bringen. Richard N. war überzeugt gewesen, dass der Nachbar von Erika S. ihn erkannt hatte. In seiner Panik türmte er aus dem großen Terrassenfenster auf die Straße und lief Richtung Autobahn. Um sich dann vor einen Lastkraftwagen zu werfen. Er überlebte schwer verletzt.

Schwurgerichtssaal

Sein schwarzer Anzug ist aus teurem Stoff und eindeutig maßgeschneidert. Die Turnschuhe passen dazu wie die sprichwörtliche „Faust aufs Auge". Dabei hatte jemand die Maßschuhe aus feinen Leder in meiner Kanzlei abgegeben, damit ich sie meinem Mandanten vor der Verhandlung überreiche. Monique war es nicht, sie hat sich von ihrem Mann längst losgesagt. Die Scheidung ist bereits eingereicht, ein gerichtliches Kontaktverbot für Chantal erlassen. In der Justizanstalt hatte man die Schuhe, angeblich aus Sicherheitsgründen wegen der Schnürsenkel, nicht angenommen. Die vorsitzende Richterin untersagt die Übergabe der Schuhe ebenfalls. Macht nichts, der Ausgang des Prozesses wird gewiss nicht vom Schuhwerk des Angeklagten abhängen.

Die Tat, die man ihm zur Last legt, ist von unfassbarer Grausamkeit. Und sie soll laut Anklage penibel durchgeplant gewesen sein. Der Angeklagte hatte ein Tatfahrzeug angemietet und war damit zur Villa des Opfers gefahren. Entgegen seiner Gewohnheit nicht im Anzug, sondern in Jogginghosen und Kapuzenpulli. Und ohne Handy, das war in seiner Kanzlei in der Schreibtischlade geblieben. Seine Aktentasche hatte er jedoch mitgenommen. Um das Opfer zu täuschen, wie es in der Anklageschrift heißt: Erika S. habe ihrem langjährigen Bankberater vertraut und geglaubt, dass er gekommen wäre, um mit ihr Kontoauszüge zu besprechen. Als die Polizei später die Aktentasche sicherstellt, findet man darin tatsächlich Aufzeichnungen betreffend Erika S., jedoch auch schwarze Lederhandschuhe.

Ungeachtet der Grausamkeit der Tat scheint es dieser hochgewachsene, elegante Angeklagte zu verstehen, die Anwesenden für sich einzunehmen. Er spricht leise, drückt sich gewählt aus und weiß auf alles eine schlüssige Antwort. Nur bei einer Frage will ihm nichts einfallen: „Wie kommt man auf die Idee, einen Socken zu verwenden?" fragt die Richterin. Richard N. blickt zu Boden und sagt: „Vielleicht habe ich so etwas irgendwo gelesen..." Die Richterin zieht das Tatwerkzeug vorsichtig aus einem durchsichtigen Plastiksack. Es ist ein Socken der Qualitätsmarke Burlington, ein Detail, das die Presse genüsslich ausgewälzt hatte. Er gleicht einem Wurfgeschoss: Bis zum Fersenbereich mit Münzen befüllt und im Schaft verknotet. Damit hat Richard N. sein Opfer zu Boden geworfen. Danach hat er die mitgebrachte Frischhaltefolie um den Kopf seines Opfers geschlungen und es mit bloßen Händen erwürgt.

Die Lederhandschuhe blieben jedoch in der Tasche. Aus Sicht der Verteidigung das wichtigste Indiz dafür, dass die Verantwortung des Angeklagten stimmt: Er sei zu Erika S. gefahren, um alles mit ihr zu bereden. Als sie vom Vermögensverlust erfahren habe, sei sie ausgerastet. Und dann habe es an der Türe geklopft. Ab diesen Moment sei alles wie in dem Gedankenfilm abgelaufen, den er unzählige Nächte durchgespielt hatte...

„Seine Persönlichkeit ist narzisstisch-histrionisch akzentuiert", konstatiert die psychiatrische Sachverständige, und legt nach: „Eine gloriose Banker-Persönlichkeit!" Sie widerlegt meine Theorie, dass es eine Tat im Affekt gewesen sein könnte: „Da war kein Gefühlssturm, der ihn mitgerissen hat. Dafür war der Tatablauf viel zu komplex, die Wahrnehmung zu detailliert!" Richard N. leide zwar unter keiner Geisteskrankheit im engeren Sinne, seine Persönlichkeit sei aber narzisstisch akzentuiert. Seine Selbstüberschätzung, die Angst vor Prestigeverlust und beruflicher Vernichtung im Falle einer Anzeige durch das Opfer hätten eine maßgebliche, tatauslösende Rolle gespielt: „Die gegenständliche Tathandlung ist eingebunden in eine langjährige Täter-Opfer-Beziehung und in eine zentrale Problematik, die der Untersuchte als unlösbar schilderte. Die Wahrscheinlichkeit für eine idente Risikokonstellation und Wiederholung einer derartigen Tathandlung ist nach psychiatrischer Beurteilung vernachlässigbar. Die Persönlichkeit wirkt zwar akzentuiert, ist aber keineswegs einer höhergradigen Abnormität zuzuordnen."[1]

Richard N. wird zu einer Freiheitsstrafe von 15 Jahren verurteilt.

---

[1] *aus dem Gutachten der psychiatrischen Sachverständigen Dr. Sigrun Roßmanith.*

Es ist längst anerkannt, dass Cannabis in der Medizin — etwa als Schmerzmittel — viele positive Einsatzmöglichkeiten bietet. Dennoch ist auch hier, wie bei anderen Drogen, Vorsicht geboten: Mehrere epidemiologische Studien[1] liefern Hinweise für einen Zusammenhang zwischen dem täglichen Konsum von hochpotenten Cannabis und dem Auftreten von Psychosen.

SPIRITUELL

„Ich habe dich verflucht. Du entkommst mir nicht. Der Teufel wird in fremder Gestalt zu dir kommen."

Die Worte treffen sie wie giftige Pfeile mitten ins Herz. Kathrin weiß um die Wirkung schwarzer Magie…

***

Alles hatte mit diesem Buch begonnen. Eine Freundin hatte es ihr geschenkt, es handelte von Schutzengeln und hatte Kathrin sofort in den Bann gezogen. Sie vertiefte sich immer mehr in diese „andere", verborgene Welt. Befasste sich mit Tarot-Karten, der Heilkraft von Steinen und Energetik.

Manchen sprechen von Esoterik, Kathrin bezeichnet es als Spiritualität. Sie hilft ihr, ihr Leben in den Griff zu bekommen.

***

Ihr Leben. Aufgewachsen mit vier Halbgeschwistern in einer viel zu kleinen Wohnung. Die Mutter führt eine Kneipe und spricht dem Alkohol zu. In ihrer Überforderung schlägt sie die Kinder. Vor allem Kathrin, weil sie die älteste ist und für alles verantwortlich. Ab und zu

---

[1] *etwa eine groß angelegte, in der fachmedizinischen Zeitschrift „The Lancet" (Vol. 6, p. 427-436, May 01 / 2019) publizierte Studie aus dem Jahr 2019*

wohnt der eine oder andere Stiefvater bei ihnen, sie wechseln rasch und sind fast immer arbeitslos.

Kathrin wird zum Problemkind. Bei jedem Unfug dabei, frech zur Lehrerin, Schulschwänzerin.

Mit elf überredet sie ein älterer Bub, Cannabis auszuprobieren. Später kommen Amphetamine, Opiate und Kokain hinzu. Ihre Versuche, von den Drogen loszukommen, scheitern: Wegen der Depressionen, die bei jedem Entzugsversuch die Oberhand gewinnen. Mit fünfzehn wird Kathrin magersüchtig, mit siebzehn begeht sie einen ersten Selbstmordversuch, mit achtzehn ist sie schwanger. Der Kindsvater verschwindet alsbald aus ihrem Leben. Mit der Geburt des kleinen Laurin beginnt für Kathrin ein neuer Lebensabschnitt, in dem bedingungslose Liebe und Verantwortung für ein Kind die Hauptrolle spielen. Sie wird stabiler, absolviert eine Ausbildung zur Bürokauffrau, schwört den Drogen weitgehend ab. Nur das Cannabis bleibt. Es hilft ihr, nach einem langen Tag wieder „herunterzukommen".

***

Laurin ist sechs und gerade eingeschult worden, als die Depression bei seiner Mutter wieder herausbricht. Mit voller Wucht. Selbstmordversuch, Aufnahme in die Psychiatrie, monatelange Rehabilitation. Laurin kommt in ein Krisenzentrum.

In dieser schweren Zeit findet Kathrin eine unerwartete Stütze: Ihre Mutter. Sie hat den Kontakt zu ihrer Tochter gesucht, hat Fehler eingesehen, die sie jetzt wiedergutmachen will. Die Mutter kümmert sich um Laurin, holt ihn aus dem Heim und nimmt ihn zu sich. Gemeinsam schaffen es die beiden Frauen, das vom Jugendamt entzogene Sorgerecht wieder auf Kathrin zu übertragen.

Während ihres Rehabilitationsaufenthalts hatte Kathrin sich mit einer anderen jungen Patientin angefreundet. Diese beschäftigte sich mit Esoterik und hatte Kathrin ein Buch über Schutzengel geschenkt.

Kathrin ist sich sicher, dass sie ohne dieses Buch niemals aus ihrem schwarzen Loch herausgefunden hätte. Und sie hat erkannt, dass in ihr eine besondere spirituelle Begabung schlummert. Eine Begabung, mit der sie nach ihrer Entlassung auch anderen, nach Sinn und Erfüllung strebenden Menschen helfen will.

***

Über eine Internet-Gruppe findet sie rasch Anschluss an Gleichgesinnte. Bietet Tarot-Kartenlegen an, oder „Energetisieren" mit Steinen. Rosenquarz öffnet das Herz, Amethyst reinigt den Geist, Bergkristall verschafft Klarheit und Ordnung.

Rena ist auch bei dieser Internet-Gruppe. Sie ist ein wenig älter als Kathrin, Mitte dreißig, und beschäftigt sich, wie sie ihr erklärt, schon „seit frühester Jugend" mit Tarot-Karten – und Hexerei. Sie lädt Kathrin zu sich ein. Rena bewohnt mit ihrem US-amerikanischen Mann ein altes Haus am Stadtrand. Mit seinen abbröckelnden Mauern und den verwinkelten, vollgeräumten Zimmern wirkt es auf Kathrin wie ein richtiges „Hexenhaus". Rena ist mit ihren langen dunklen Haaren und der schlanken Figur nicht nur eine attraktive Frau, sondern auch eine interessante Gesprächspartnerin. Sie ist weit gereist, war bei indianischen Schamanen und in Afrika, hat sich dort mit schwarzer Zauberei befasst und eigenen Worten zufolge „wundersame Erfahrungen" gemacht. „Bei diesen Völkern ist es ganz natürlich, mit den Verstorbenen zu leben. Das Spirituelle ist in ihren Alltag eingebunden. Bei uns im Westen ist das leider verloren gegangen", erklärt sie ihrer gebannt lauschenden Freundin. Inzwischen verbringt Kathrin fast jeden Sonntagnachmittag mit ihrem kleinen Sohn in Renas Haus. Während Laurin im Garten mit Renas Australian Shepherd tollt, breiten die beiden Frauen ihre Tarot-Karten auf dem breiten Holztisch in der Küche aus. Einmal geht Rena zum Fenster und blickt hinaus in den Garten. „Ich hätte mir auch ein Kind gewünscht", erklärt sie gedankenverloren. „Aber ich kann keine Kinder bekommen."

An späten Nachmittagen stößt manchmal John dazu. Kathrin war sofort fasziniert von dem groß gewachsenen, sehnigen Mann gewesen. Sein halblanges, rotblond gelocktes Haar hat er mit einem Gummiband nach hinten gebunden, was sein kantiges, attraktives Gesicht gut zum Ausdruck bringt. John spricht mit starkem US-amerikanischem Akzent und lacht gerne und laut. Eines Tages, Rena ist gerade nicht im Raum, blickt John Kathrin ernst ins Gesicht. Kathrin erschrickt. In diesem Moment ist es für sie Gewissheit: Er und sie sind ineinander verliebt.

***

Doch Rena ist nicht dumm. Sie versteht es, diese Liebe im Keim zu ersticken. Sie sagt nichts, doch Kathrin spürt ihre bösen Blicke. Kathrin bekommt es mit der Angst zu tun. Sie wird nicht mehr zu Renas Haus fahren.

Abends steigt Kathrin in ihren PC ein. Eine neue E-Mail-Nachricht. Der Absender ist unbekannt, es ist irgendeine Kombination aus Zahlen und Buchstaben: „Ich habe dich verflucht. Du entkommst mir nicht. Der Teufel wird in fremder Gestalt kommen und dich holen."

Kathrin spürt Renas Fluch. Er klebt auf ihrer Haut, dringt in ihren Kopf, zieht und zerrt an ihr. Kathrin weiß: Rena ist eine Hexe, der sie nicht entrinnen kann.

***

Es ist mitten in der Nacht. Kathrin ist aufgewacht. Sie verspürt ein beklemmendes Gefühl, das sie nicht deuten kann. Der Traum hat sich aufgelöst, geblieben sind nur mehr fahle Nebelschwaden an Erinnerungen. John ist darin vorgekommen. Kathrin drückt auf den Taster ihres Weckers. Drei Uhr dreizwanzig erscheint in gedimmten Leuchtziffern. Plötzlich durchzuckt sie ein Schrecken: War da ein Geräusch? Aus dem Vorzimmer? Sie weiß nicht, wie lange sie starr im Bett verharrt, es waren wohl viele Minuten. Dann fasst sie allen Mut zusammen und kriecht langsam aus dem Bett. Schleicht in Laurins Zimmer. Er schläft tief und fest. Sie geht weiter in Richtung Vorzimmer. Sie sieht, dass draußen im Stiegenhaus Licht brennt. Ihr Blick fällt auf den Schlitz unter der Türe, und dann erschrickt sie fast zu Tode: Vor der Türe steht jemand.

Kathrin verbringt die restliche Nacht zusammengerollt und eng an Laurin gekuschelt in dessen Bett. Sie ist nicht mehr eingeschlafen.

∗∗∗

In den folgenden Tagen steigert sich Kathrins Angst ins Unerträgliche. Doch sie wagt es nicht, sich jemanden anzuvertrauen. Auch ihrer Mutter nicht. Sie schämt sich. Die Angst, die sie in sich hineinfrisst, breitet sich in ihrem ganzen Körper aus. Manchmal wird sie von Panikattacken überwältigt: Sie bekommt keine Luft, das Herz rast, droht gleich zu zerspringen.

Sie geht kaum mehr außer Haus. Immer öfter fallen ihr auf der Straße seltsame Menschen auf. Menschen, die sie böse anschauen oder spöttisch belächeln. Als ob sie über den Fluch, der auf ihr lastet, Bescheid wüssten. Eines Abends, Kathrin kommt gerade vom Einkaufen, fällt ihr das Licht auf, das in dem verlassenen Haus am Rande der Wohnhausanlage brennt. Das Haus ist unbewohnt, dort hat noch nie Licht gebrannt! Haben sich hier Mitglieder einer Sekte versammelt? Beratschlagen sie über ihre Tötung, und was dann mit ihrem Sohn geschehen soll? Sie hat gehört, dass es eine Porno-Mafia gibt, der entführte Kinder zugeführt werden. Eilenden Schrittes geht sie weiter, versperrt mehrfach die Eingangstüre, lässt die klapprigen Rollos herunter. Nach dem Abendessen kuschelt sie sich eng an Laurin, ohne schlafen zu können. Sie verspürt unerträgliche Angst. Vor den seltsamen Menschen auf den Straßen. Vor der Sekte, die Rena auf sie angesetzt hat. Und um ihren kleinen Laurin, den Rena ihr immer schon wegnehmen wollte. Weil sie keine eigenen Kinder bekommen kann.

Es ist irgendwann in der Nacht, als Kathrin aufsteht und das Küchenrollo hochzieht. Das verlassene Haus ist jetzt finster. Die Sektenmitglieder sind aufgebrochen, um ihr böses Werk zu verrichten.

***

Am nächsten Tag wagt Kathrin sich nur kurz aus dem Haus, um sich Zigaretten aus der Trafik zu holen. Auf der Straße herrscht Endzeitstimmung. Menschen sehen ihr verzweifelt ins Gesicht. Andere schleichen mit finsterer Miene an ihr vorbei. Wieder andere lächeln sie spöttisch an. Und manche blicken nur starr zu Boden. Als Kathrin zu ihrem Wohnhaus zurückkehrt, parkt davor ein großer schwarzer Kastenwagen. Ein teures Luxus-Auto, wie es, so hat sie das in Filmen gesehen, von Mafia-Paten gefahren wird. Kathrin läuft ins Haus, hinauf in ihre Wohnung, und schlägt die Türe hinter ihr zu. Sie ist außer Atem, ihr Herz rast. Plötzlich steht Laurin vor ihr und blickt sie mit traurigen großen Augen an: „Mama, geht's dir nicht gut?"

Sie nimmt ihn zur Seite und erklärt ihm: „Wir müssen jetzt ganz, ganz leise sein. Draußen sind gefährliche Leute. Aber deine Mama beschützt dich." Behutsam lässt sie die Rollos herunter, schiebt das Wohnzimmersofa und eine große Kommode vor die Eingangstüre. „Damit kein Böser hereinkann", erklärt sie ihrem Sohn, der ihr neugierig zusieht.

Sie weiß längst, dass es keinen anderen Ausweg mehr gibt. Sie wird diese Welt verlassen. Die Sekte hat längst die Kontrolle über alles, und sie sind hinter ihr und ihrem Kind her. Sie werden sie töten, aber ihrem Sohn wird weitaus Schlimmeres widerfahren: Sie werden ihn bei ihren Ritualen sexuell missbrauchen. Immer und immer wieder. Und dann werden sie seinen kleinen geschändeten Körper an die Porno-Mafia verkaufen…

„Es schmeckt grauslich, aber es ist gesund", erklärt sie Laurin, als sie ihm das Glas Wasser reicht, in das sie zuvor die Tabletten zerstampft hat. Laurin streckt die Zunge heraus: „Bäh!" Dann schluckt er brav herunter. Danach nimmt sie ihr Glas, in das sie eine noch größere Menge Psychopharmaka zerstampft hat. Sie trinkt es in einem Zug aus.

Psychiatrische Station

Die starken Psychopharmaka haben ihr Gesicht ein wenig aufgeschwemmt, doch die zarte Frau mit dem feinen blonden Locken wirkt immer noch überaus zerbrechlich. Sie hat blaue, auffallend helle Augen. Sie blicken mich wachsam an.

„Frau W., wie Sie wissen, ist Ihre Mutter mittlerweile Ihre Sachwalterin. Sie hat mich mit Ihrer Verteidigung beauftragt." Kathrin W. nickt, während sie mir weiterhin ernst ins Gesicht blickt. Dann reicht sie mir ein Konvolut handgeschriebener Zettel. „Da können Sie nachlesen, wie es so weit kommen hat können. Ich habe mir alles von der Seele geschrieben..."

Später lese ich in ihren Zetteln. Es sind ungeordnete Gedanken, über „Narben aus der Kindheit", ihrer spirituellen Suche und Sehnsucht nach ihrem Sohn. Kathrin W. hat sich alles von der Seele geschrieben.

***

Als ich ihren Fall übernommen hatte, lag das von der Staatsanwaltschaft beauftragte gerichtspsychiatrische Gutachten bereits vor.

Der Sachverständige hatte bei ihr eine „Gemengelage aus psychischen Störungen" festgestellt. Sie bestünden aus einer „Persönlichkeitsstörung, einer hohen Neigung zur Drogensucht und einer schweren, psychosewertigen depressiven Erkrankung". Und er war zum Schluss gekommen, dass Kathrin W. aufgrund dieser Erkrankung zum Tatzeitpunkt nicht in der Lage gewesen sei, das Unrecht ihres Handelns zu begreifen. Damit ist sie als unzurechnungsfähig einzustufen. Die Staatsanwaltschaft erhob daher keine Anklage, sondern beantragte die Unterbringung in einer Anstalt für geistig abnorme Rechtsbrecher: „Kathrin W. hat eine Tat begangen, die ihr, wäre sie zum Tatzeitpunkt zurechnungsfähig gewesen, als Verbrechen des versuchten Mordes nach §§15, 75 StGB zugerechnet worden wäre."

Doch die Dosis, die meine Mandantin ihrem Sohn verabreicht hatte, wäre laut dem toxikologischen Gutachten gar nicht geeignet gewesen, dass Kind zu töten. Laurin hat sich erbrochen. Sein Magen musste nicht ausgepumpt werden.

Warum, so mag man sich fragen, geht die Staatsanwaltschaft dennoch von einem versuchten Mord aus? Der Grund liegt in der Aussage, die Kathrin W. nach ihrem Aufwachen aus dem Koma vor dem Haftrichter abgelegt hatte: Sie hätte gemeinsam mit ihrem Kind aus dem Leben scheiden wollen. Zum Glück hatten die Psychopharmaka bei ihr aber rasch gewirkt, sodass sie eingeschlafen war, bevor sie ihrem kleinen Sohn die restlichen, am Tatort vorgefundenen Tabletten verabreichen konnte. Das nennen die Juristen einen „relativ untauglichen Versuch" – die Vollendung der Tat scheiterte nur infolge zufälliger Modalitäten des Einzelfalls.

Schwurgerichtssaal

Seit der Tat ist ein dreiviertel Jahr vergangen. Heute, an einem trüben Dezembertag, findet die Hauptverhandlung in der „Unterbringungssache Kathrin W." statt. Ungewöhnlich viele Journalisten und Fotografen haben sich vor dem Verhandlungssaal eingefunden, um den Prozess zu verfolgen. Es ist eine berührende Geschichte, die irgendwie in die „Licht ins Dunkel"-Berichterstattung der Vorweihnachtszeit passt.

Als meine Mandantin mit einer kleinen Verspätung vorgeführt wird, hält sie eine Mappe vors Gesicht. Ich beruhige sie und erkläre ihr, dass die Medien ihr Bild nur mit schwarzem Balken veröffentlichen dürfen. Sie wirkt extrem nervös, hat einen trockenen Mund. Ich veranlasse, dass ein Gerichtsbediensteter ihr ein Glas Wasser reicht, nachdem sie auf der Anklagebank Platz genommen hat.

Kathrin W. ist heute nicht Angeklagte, sondern „Betroffene". Was jedoch den Ablauf der Hauptverhandlung betrifft, so macht es keinen

Unterschied, ob es sich um eine Anklage oder einen Unterbringungsantrag handelt. Die Geschworenen werden vereidigt, der Antrag der Staatsanwaltschaft vorgetragen, und ich erstatte ein kurzes Plädoyer.

Kathrin W. kauert wie ein Häufchen Elend vor dem Richter. Sie spricht leise, manchmal flüstert sie fast. Und doch sind es klare Worte, die auf Intelligenz und Reflexion schließen lassen. Kathrin W. ist medikamentös gut eingestellt und weiß längst, dass sie damals, als sie ihr Kind ins Jenseits mitnehmen wolle, im Wahn gehandelt hat. Der Richter lässt sich von ihr die energetische Wirkung von Rosenquarz und Bergkristall erklären und kann sich dabei ein Schmunzeln nicht verkneifen: „Wissen Sie, wir hier sind trockene Juristen und haben keine Ahnung von derlei Dingen!" Kathrin W. bleibt ernst und versucht weiter, die an sie gestellten Fragen nach bestem Wissen zu beantworten.

Nach ihrer Aussage sind die Sachverständigen am Wort, allen voran der psychiatrische. Er bestätigt sein schriftliches Gutachten, wonach Kathrin W. zur Tatzeit im Wahn gehandelt habe. Der jahrelange Drogenkonsum habe die Entwicklung einer Psychose „zweifellos begünstigt", führt er aus. Und: Ihre Gefährlichkeit könne bis auf weiteres nur durch Anhaltung in einer Anstalt hintangehalten werden. Als ich ihn zur Prognose befrage, räumt er ein, dass sich der Zustand der Betroffenen seit der Begutachtung erfreulicherweise gebessert habe. Die wichtigste Voraussetzung für eine Aufarbeitung und Genesung sei bei ihr gegeben, nämlich die Krankheitseinsicht. Für eine allfällige bedingte Unterbringung sei es aber noch zu früh, meint er aber. Es müsse die weitere Entwicklung abgewartet werden. Tatsächlich bestünde nach dem Gesetz die Möglichkeit, von einer unbedingten, stationären Unterbringung Abstand zu nehmen: Nämlich dann, wenn eine ambulante Betreuung bei Depotmedikation ausreicht.

Der Auftritt der Mutter von Kathrin W. berührt. Sie war es gewesen, die ihrer Tochter und ihrem Enkelsohn das Leben gerettet hat. Sie hatte mehrfach vergeblich versucht, die Tochter zu erreichen. Voll böser Vorahnungen hat sie sich dann ins Auto gesetzt und ist zur Wohnung gefahren, zu der sie einen Schlüssel hatte. Doch die Wohnungstüre ließ sich nicht öffnen, offenbar hatte die Tochter sie mit Möbeln verbarrikadiert. Da hörte sie leises Wimmern aus der Wohnung. Mit letzter Kraft gelang es ihr, die Möbelstücke zurückzuschieben. Tochter und Enkelsohn lagen beide schlafend im Wohnzimmer, daneben unzählige Tablettenschachteln.

Die Abstimmung der Geschworenen fällt einstimmig aus: Kathrin W. wird aufgrund ihrer gefährlichen psychischen Erkrankung in eine Anstalt für geistig abnorme Rechtsbrecher eingewiesen. In etwa einem Jahr wird durch ein neues psychiatrisches Gutachten geprüft werden, ob allenfalls eine Entlassung unter strengen Auflagen – insbesondere einer Depotmedikation – möglich ist.

Bei der Verabschiedung nach dem Prozess habe ich noch einmal in ihre hellen Augen geblickt. Sie wirkten wach und entschlossen. In dem Moment war ich überzeugt, dass sie ihre Krankheit in den Griff bekommen wird. Ich wünsche es mir für sie, und für ihren kleinen Sohn. Er befindet sich seit dem tragischen Vorfall in der Obhut des Jugendamtes und darf jede Woche eine halbe Stunde mit seiner Mama telefonieren.

***

Tags darauf berichten die Medien über die traurige Weihnachtsgeschichte von Kathrin W. und ihrem kleinen Sohn.

§ 21 Abs. 2 des Österreichischen Strafgesetzbuchs (StGB) lautet: Liegt eine solche Befürchtung[1] vor, so ist ein eine Anstalt für geistig abnorme Rechtsbrecher auch einzuweisen, wer, ohne zurechnungsunfähig zu sein, unter dem Einfluss seiner geistigen oder seelischen Abartigkeit von höherem Grad eine Tat begeht, die mit einer ein Jahr übersteigenden Freiheitsstrafe bedroht ist. In einem solchen Fall ist die Unterbringung zugleich mit dem Ausspruch über die Strafe anzuordnen.

ABARTIG

„Sag ihm, dass du die nächsten drei Monate nichts mehr von ihm hören willst. Wenn er trotzdem anruft, heb nicht ab. Er braucht eine Abkühlungsphase. Vielleicht sieht er dann alles klarer. Und akzeptiert, dass es kein Zurück mehr gibt." Ihre Freundin hat Recht, sinniert Klara, während sie bei eisigen Temperaturen durch die nächtlichen Gassen der Wiener Vorstadt heimwärts schlendert. Sie hatten sich zu einem Plausch bei ihrem Lieblings-Italiener getroffen, und natürlich war das Gespräch alsbald auf Mark gekommen. Klara hatte sich wieder einmal von ihm getrennt. „Diesmal ist es endgültig", hatte sie ihrer Freundin erklärt, um dann ihr Weinglas zu heben: „Lass uns darauf anstoßen!" Sie lachten, doch Klara war ein wenig mulmig zumute. Mit Mark verband sie seit neun Jahren eine On-Off-Beziehung. In den Weihnachtsfeiertagen hatte es wieder einmal richtig gekracht, und sie hatte ihm ihren ganzen Beziehungsfrust auf den Kopf geworfen: „Wie stellst du dir deine Zukunft vor? Glaubst du ernsthaft, mit deiner Musik jemals Geld zu verdienen? Was haben wir noch gemeinsam? Ich will Kinder. Und dazu gehört ein Mann mit anständigem Beruf. Wir haben nichts mehr gemeinsam. Ich will, dass du ausziehst…" Wie immer, wenn er merkte, dass es ernst wird, begann Mark zu klammern. Überhäufte sie mit Liebesschwüren per SMS, rief sie mitten in der Nacht an, passte sie vor ihrer Arbeitsstelle, einer Wiener Volksschule, ab. „Das ist Stalking.

---

[1] *eine geistige oder seelische Abartigkeit von höherem Grad*

Du solltest ihn anzeigen!" riet ihr die Freundin, doch davor scheute Klara zurück: „Womöglich schaukelt sich dann alles noch mehr auf. Ich hoffe, dass er Einsicht zeigt."

Wenn sie ehrlich zu sich selber war, musste sich eingestehen, dass die Trennung auch ihr zu schaffen machte. Ohne Mark fühlte sich die Wohnung leer an. Sie blickte auf ihre Armbanduhr, sie zeigte kurz vor fünf Uhr morgens. Es war Sonntag. Sie würde sich ausschlafen und erst mittags frühstücken. Und dann vielleicht Mark anrufen. Um ihm zu erklären, dass eine Abkühlungsphase ihnen beiden guttun würde. An das, was danach geschah, hat sie keine Erinnerung. „Ich habe keine Schritte hinter mir gehört", wird Klara später zu Protokoll geben.

***

Um 05.20 Uhr dieser eiskalten Januarnacht geht ein Notruf bei der Wiener Rettung ein. Ein Radfahrer hat eine am Gehsteig liegende Frau gefunden. Ihr Gesicht ist blutüberströmt und zertrümmert. Die Frau wird umgehend ins Allgemeine Krankenhaus eingeliefert, eine Notoperation rettet ihr Leben.

Währenddessen nehmen die Beamten der Abteilung „Leib und Leben" des Wiener Landeskriminalamts ihre Ermittlungen auf. Die Frau hatte weder Geldbörse noch Ausweispapiere bei sich, jedoch steckte ein Handy in der Gesäßtasche ihrer Jeans. Die Beamten durchsuchen den Gesprächsverlauf. Wie sich herausstellt, war eine Sandra K. die letzte Person, die Klara vor dem Vorfall gesehen hat.

Aus dem Protokoll der Aussage der Zeugin Sandra K. beim Landeskriminalamt Wien

Klara hat an diesem Abend sehr angespannt gewirkt. Wir waren zuerst im „Venezia" Abendessen, danach ist sie noch zu mir in die Wohnung mitgekommen. Das Gespräch drehte sich die ganze Zeit um Mark D. Ich hatte den Eindruck, dass Klara entschlossen war, die Trennung diesmal durchzuziehen. Ich kenne den Mark D. seit Jahren. Er ist ein schwieriger Mensch, in sich gekehrt und schüchtern in Gesellschaft. Gleichzeitig ist er aber besitzergreifend und sehr eifersüchtig, was Klara betrifft. Sie ist das Gegenteil von ihm, sie ist aufgeschlossen und gern unter Menschen. Ich glaube, dass Mark mit der Trennung nicht klargekommen ist.

Mit Hilfe der Zeugin wird der Kontakt zur Mutter des Opfers hergestellt. „Mark hat nicht zu meiner Tochter gepasst. Klara ist zielstrebig und organisiert. Er ist ein Chaot, der im Leben nicht weiterkommt" gibt sie bei der Kriminalpolizei zu Protokoll. „War er gewalttätig gegenüber Ihrer Tochter?" fragen die Beamten weiter. „Nein, davon wüsste ich nichts. Zumindest hat Klara mir nie davon erzählt."

Noch am selben Tag erhält Mark D. Besuch von Beamten des Landeskriminalamts Wien. Er gibt sich kooperativ und erklärt sich bereit, mit den Beamten mitzukommen, um eine Aussage zu machen. Für die Tatzeit hat er kein Alibi: „Ich habe mich nach unserer Trennung verkrochen. Auch an diesem Abend war ich alleine zuhause." Währenddessen durchsuchen die Beamten sein Handy. „Sie haben ihr täglich Nachrichten geschrieben. Einige wirken bedrohlich, wie etwa: ‚‚Der Gedanke, dass ein anderer dich lieben könnten, macht mich verrückt. Ich habe das Gefühl zu explodieren…' Was sagen Sie dazu, Herr D.?" Mark starrt zu Boden und schweigt. Endlich, nach quälenden Minuten, spricht er leise weiter: „Das Beziehungs-Aus hat mir sehr zu schaffen gemacht. Ich weiß, alles scheint gegen mich zu sprechen. Aber ich war es nicht!" Und dann bietet er den Beamten an, in seiner Wohnung Nachschau zu halten: „Ich habe nichts zu verbergen!"

Die Polizei entscheidet, den mysteriösen Fall an die Medien weiterzugeben: „Wie erst jetzt bekannt wurde, hat ein Zeuge vorgestern eine blutüberströmte Frau auf einem Gehsteig in Wien-Margarethen gefunden. Die Hintergründe liegen völlig im Dunkeln. Hinweise werden von der Polizei vertraulich behandelt."

***

„Ich bin der Zeuge. Derjenige, der Ihre Tochter gefunden hat! Wie geht es ihr jetzt?"

Klaras Mutter steht noch zu sehr unter Schock, um sich Fragen zu stellen. Sie war noch am Tattag zum Tatort gefahren. Die Stelle war anhand des eingetrockneten Blutes am Kopfsteinpflaster leicht auszumachen. Sie wunderte sich über die kleinen, weißen Kieselsteinchen, die dort lagen. Sie klaubte ein paar auf und erkannte, dass es gar keine Steinchen waren. Sondern die Zähne ihrer Tochter.

„Meine Tochter liegt im künstlichen Tiefschlaf," erklärt sie dem Anrufer. „Ich weiß nicht, ob sie überleben wird. Danke, dass Sie geholfen haben…" Dann bricht sie in Tränen aus. Der Anrufer versucht, sie zu beruhigen, bietet ihr an, sie für nähere Informationen zu treffen. Die Mutter lehnt dankend ab: „Vielleicht ein anderes Mal. Wenn meine Tochter überlebt." Nachdem sie aufgelegt hat, beschleicht sie ein komisches Gefühl. Sie scrollt auf die Anruferliste: Der Anruf war anonym.

***

Rund eine Woche später geht ein Hinweis bei der Wiener Kriminalpolizei ein: Die an einem Wiener Geldausgabe-Automaten eingezogene Bankomatkarte gehört dem Opfer! Ein unbekannter Mann hatte versucht, damit Geld abzuheben. Als die Beamten das von der eingebauten Kamera aufgenommen Foto des Unbekannten sehen, trauen sie ihren Augen nicht: Es ist der Zeuge, der Klara gefunden hatte! Es gilt jetzt, keine Zeit zu verlieren. Die Polizei erwirkt umgehend einen Hausdurchsuchungsbefehl für die Wohnung des nunmehr Verdächtigen Alfred B. Dort, im Schlafzimmer auf dem Nachtkästchen, wird die Geldbörse des Opfers mitsamt Ausweispapieren sichergestellt.

Aus dem Protokoll der Aussage des Beschuldigten Alfred B. beim Landeskriminalamt Wien

Es war irgendwie eine Kurzschlussreaktion. Ich bin mit dem Vorsatz hingefahren, mir eine Eisenstange von der dortigen Baustelle zu besorgen. Was ich mit der Eisenstange machen wollte, weiß ich eigentlich nicht. Es war so gegen 04.45 in der Tatnacht.

Frage: Wie groß war die Eisenstange und wo haben Sie diese verwahrt am Fahrrad?

Die Eisenstange war zirka einen halben Meter lang. Die Stange war silber-verrostet. So eine Stange verwendet man für den Gerüstbau. Die Stange hatte ca. 5-6 kg. (…) Ich habe dann die Eisenstange mit der linken Hand gehalten und bin mit dem Rad von der Baustelle weggefahren. Ich bin dann zurück zum Margarethengürtel zu der Brücke gefahren. Dort war es dann ca. 05.00 Uhr. Ich habe von der Brücke Richtung Haltestellenbereich runtergeschaut, ob eine Frau aus der U-Bahn aussteigt. Ich habe dann dort eine Frau alleine aussteigen gesehen. Ich habe sie beobachtet, wie sie durch den Park in Richtung Schönbrunner Straße gegangen ist. Ich habe dann begonnen ihr nachzufahren. Sie ist dann links über den Zebrastreifen der Schönbrunner Straße gegangen, dann von dort rechts rüber auf die Straßenseite Richtung Gehsteig. Dann ist die Frau entlang der Schönbrunner Straße gegangen Richtung stadteinwärts. (…) Ich bin ihr die ganze Zeit mit einer Entfernung von ca. 150 Meter hinten nachgefahren und sie hat überhaupt nicht mitbekommen, dass ich sie verfolgte. Sie ist mit normalem Schritttempo gegangen. Und ich bin ganz langsam gefahren.

Dann ist die Frau zur Margarethenstraße gekommen und ist links gegangen, in Richtung Reinprechtsdorfer Straße. Zwischenzeitlich habe ich mein Fahrrad an eine Hausmauer gelehnt und habe die Frau zu Fuß weiterverfolgt. Dabei hatte ich die Eisenstange bei mir. Ich bin dann schon bis auf einen halben Meter an die Frau herangekommen, und sie hat noch immer nichts mitbekommen.

Es war dann Höhe Hausnummer 140. Ich habe die Eisenstange in die Höhe gehoben, ausgeholt und mit Schwung gegen ihren Hinterkopf gedroschen. Ich habe richtig mit der Eisenstange Schwung geholt. Es war ein Schlag. Ich wollte sie auf

auf den Hinterkopf treffen und habe sie auch mit voller Wucht getroffen. Sie ist dann wie ein „Sackl" eingegangen und zu Boden gefallen. Sie ist dann mit dem Gesicht nach oben gelegen, das heißt sie ist am Rücken gelegen. Ich bin dann hinter ihrem Kopf stehen geblieben, damit sie mich nicht gleich sieht. (…) Sie ist eigentlich umgefallen wie ein Brettl. Dann hat sie irgendwie probiert sich aufzusetzen. Dann habe ich noch zwei- oder dreimal mit der Eisenstange auf die Frau eingeschlagen. Ich habe da genau auf ihr Gesicht gezielt und habe sie auch genau getroffen. Es waren zwei oder drei Schläge mit der Eisenstange mitten ins Gesicht. (…) Das Gesicht war nachher komplett zerstört. Das hat nicht so schön ausgeschaut und hat mir dann auch wehgetan. Sie hat dann nur mehr geröchelt und ihr ganzes Gesicht war voller Blut. Die Augen waren auch voller Blut.

Ich habe dann die Rettung gerufen. Dann sah ich das Blaulicht der Polizei. Ich habe die blutige Eisenstange in einen Metallcontainer geworfen. Dann bin ich wieder zu meinem Fahrrad gegangen und bin schnell nach Hause gefahren. Ich hatte Angst. Dann habe aber ein schlechtes Gewissen bekommen und bin am schnellsten Weg wieder zurückgefahren.

Frage: Wollten Sie nicht vielmehr den Verdacht von Ihnen ablenken?

Ja stimmt, ich wollte den Verdacht von mir ablenken und bin wieder zurückgekehrt. Ich habe damit gehofft, dass ich nicht der Tat verdächtigt werde, indem ich dort als Zeuge auftrete.

Vernehmungszone einer Justizanstalt

„Bestie mit der Eisenstange", „Eisenstangen-Prügler", „abartiger Frauenhasser" – das ist nur eine kleine Auswahl der Bezeichnungen, mit denen die Boulevardpresse Alfred B. tituliert. Der sitzt inzwischen in der Justizanstalt Wien-Josefstadt – ausgerechnet in derselben Zelle wie mein damaliger Mandant Walter M., der eine Prostituierte ermordet und zerstückelt hatte. Die Medien hatten ihm die zweifelhaften Spitznamen „Gulaschmörder" und „Seekiller" verpasst, was daran lag, dass er einen Teil der Leiche zu Faschiertem verarbeitet und den Rest in einem See versenkt hatte. Anlässlich eines Haftbesuchs bittet mich dieser Walter M., mich des frisch eingelieferten „armen Kerls" namens Alfred B. anzunehmen.

Noch am selben Tag lasse ich den „armen Kerl" in die Vernehmungszone zu mir vorführen. „Sie sehen eigentlich ganz normal aus!" platzt es aus mir heraus. Ich bin nun mal spontan, was mir in meinem Beruf auch schon Ärger eingebracht hat. „Verzeihen Sie, Sie wissen ja, was die Medien so schreiben. Man kann sich dem nur schwer entziehen, auch wenn man kritisch denkt…" versuche ich, meine ungeschickte Bemerkung zurechtzurücken. Alfred B. sitzt mir gegenüber – und lächelt. Der Beruf eines Anwalts ist einer, bei dem man nie auslernt, vor allem was Menschen betrifft. Dieser Alfred B. sitzt wegen versuchten Mordes in Haft – und strahlt eine gute Laune aus, die so gar zu diesem Ort und seiner Situation passt! Nein, er wirkt nicht etwa überdreht, sondern freundlich-gelassen. „Chillig", wie man heutzutage zu sagen pflegt. Optisch wirkt er mit seiner dunkelblonden „Vokuhila"-Frisur und dem breiten Schnauzer ein bisschen wie ein Relikt aus den siebziger Jahren. Am Schluss unseres Gesprächs überrascht er mich abermals: Obwohl er mich eben erst kennengelernt hat, bietet er mir das „Du-Wort" an. Meine saloppe Begrüßung hat ihm offenbar geschmeichelt. Ich lehne sein Angebot freundlich ab.

***

„Mein Name ist Alexandra N. Ich möchte eine Aussage machen. Vor drei Wochen bin ich durch die Passage am Karlsplatz gegangen. Es war zirka ein Uhr morgens, ich war auf dem Heimweg von einer Veranstaltung. Ich befand mich im Bereich des Ausgangs zum Resselpark, als ich plötzlich einen furchtbaren Schlag am Hinterkopf verspürt habe. Ich habe mich umgedreht und einen Mann gesehen, der einen großen Maurerhammer gehalten hat. Ich werde das Gesicht nie vergessen. Es ist der Mann, dessen Foto ich in der Zeitung gesehen habe."

Alexandra N. war das zweite Opfer des „Eisenstangen-Prüglers". Sie konnte sich aufrappeln und ist schreiend davongelaufen. Im Krankenhaus wurde ein Schädelbruch diagnostiziert.

Zwanzig Jahre zuvor, in der nächtlichen Glitzerwelt einer Diskothek

„And when the rain begins to fall..." Die melodische Stimme der amerikanischen Sängerin hallt durch den Raum. Die Farben der Scheinwerfer irrlichtern in rascher Abfolge an den Wänden. An der Decke dreht sich eine Kugel aus tausenden Mosaiksteinchen aus Spiegelglas. Sie funkeln wie ein Versprechen.

Sie lehnt lässig an der Theke und rührt gelangweilt in ihrem Longdrink. Ihr Gesicht ist fein, schmal, perfekt. Die langen, blonden Haare sind lässig nach hinten gekämmt. Sie zieht eine Zigarette aus der Packung, zündet sie sich mit ihren langen, schlanken Fingern an, um dann genussvoll zu inhalieren. Als sie den Rauch ausbläst, sieht sie ihn plötzlich an. Er fühlt sich ertappt. Ihr Blick ist vernichtend.

So einer wie er ist einer Frau wie dieser nicht würdig. Einer wie er: Hineingeboren in einen Wiener Arbeiterbezirk als vorletztes von sieben Kindern. Der Vater Alkoholiker, die Mutter kränklich und überfordert. Mit vier Jahren wird Alfred krank, kommt für viele Wochen ins Spital. „Hirnentzündung", lautet die Diagnose, mit der die einfach strukturierten Eltern nicht viel anfangen können. Wieder daheim, kann der Bub sich nicht mehr einordnen, gilt als verhaltensauffällig und hyperaktiv. Er kommt ins Heim, wo er bis zur Pubertät bleibt. Er schafft es, eine Lehre als Kleidermacher abzuschließen. Den Anschluss ans Berufsleben verpasst er jedoch. Er lebt von Gelegenheitsjobs – und Einbrüchen.

Mit Mitte zwanzig heiratet Alfred B. Seine Frau hat er bei der Arbeit in einer Verpackungsfirma kennengelernt. Auch sie hat eine schwierige Kindheit hinter sich, ist im Heim großgeworden. Das Paar bekommt vier Kinder. Doch Alfred B. ist oft arbeitslos, es fehlt am Geld, er wird beim Einbrechen erwischt, kommt ins Gefängnis. Immer wieder, und jedes Mal werden die Haftstrafen länger, zuletzt sind es vier Jahre am Stück. Seine Frau hat nicht die Zeit und das Geld, um ihn im Gefängnis zu besuchen. Das Paar entfremdet sich. Als Alfred B. entlassen wird, lässt ihn seine Frau nicht bei ihr wohnen. Er zieht in eine Wohngemeinschaft für Haftentlassene.

***

Die nächtlichen Fahrradtouren hätten ihm „Erleichterung" verschafft, lese ich in den Protokollen der Einvernahmen von Alfred B. nach. Er sei auf der Suche nach Frauen gewesen, um mit ihnen Sex zu haben. Doch er habe sich „nicht getraut, diese Frauen anzusprechen". Alfred B. kann sich jedoch nicht erklären, weshalb er dann brutal zugeschlagen hat. Auch mir nicht. Bei unseren Gesprächen lächelt er mich zumeist freundlich an. „Ich hab' ja Zeit…", lautet eine seiner Lieblingsfloskeln. So einfach strukturiert dieser Mensch erscheinen mag, so rätselhaft bleibt er für mich.

Die Staatsanwaltschaft gibt ein psychiatrisches Gutachten in Auftrag, eine in solchen Fällen durchaus übliche Vorgangsweise. Der Gutachter kommt zum Schluss, dass die in der Kindheit erlittene Hirnentzündung bei Alfred B. zu einer organisch bedingten Persönlichkeitsstörung geführt hat. Menschen mit solchen Störungen können – vor allem nach Frustrationen – unter heftigen Impulsdurchbrüchen leiden. Diese seien wohl, so der Gutachter, hier handlungsbestimmend gewesen: Alfred B. durfte nicht bei seiner Familie wohnen, seine Partnerin hat sich ihm zusehends auch sexuell verweigert. Die Aggressionen hätten sich aufgestaut und schließlich in den Tathandlungen fulminant entladen. Alfred B. ist also geistig abnorm. Dennoch wird er vom Gutachter als zurechnungsfähig eingestuft, da eine psychotische Grunderkrankung wie eine Schizophrenie auszuschließen sei. Und er ist hoch gefährlich. Eine Gefährlichkeit, die, so der Gutachter, nur intramural hintangehalten werden könne. Die Staatsanwaltschaft erhebt Anklage wegen Mordes und beantragt überdies die Einweisung in eine Anstalt für geistig abnorme Rechtsbrecher.

Schwurgerichtssaal

„Das wird ein Frack!"[2] Kollegen hatten mich gewarnt, einen Fall wie diesen würden sie lieber nicht übernehmen. Ein „Lebenslang" ist wie ein böser, schwarzer Punkt in der Karriere eines Strafverteidigers. Derartige schwarze Punkte sind unvermeidbar, wenn man die Verteidigung in schweren Strafsachen übernimmt. Doch gerade darin liegt die Herausforderung: Vielleicht gelingt es, die Richter zu überzeugen und die Höchststrafe zu vermeiden?

∗∗∗

Im Fall Alfred B. erscheint das schwierig. Es beginnt mit dem Eröffnungsplädoyer der sympathischen, jungen Staatsanwältin. Die Geschworenen erfahren, dass der Angeklagte dem Opfer Klara B. mit einer 50 Zentimeter langen, einen Durchmesser von 4 Zentimeter und ein Gewicht von 1,58 Kilogramm aufweisenden Eisenstange einen wuchtigen Schlag gegen den Hinterkopf versetzt hat. Und dann, nachdem Klara B. zusammengesackt und zu Boden gefallen war, habe er ihr zwei bis drei weitere wuchtige Schläge mit der Eisenstange ins Gesicht versetzt. Die Auswirkungen waren lebensbedrohlich: Umfängliche Zertrümmerung des Gesichtsschädels mit dem Verlust zahlreicher Zähne, Einblutungen und Eröffnungen von Nebenhöhlen, Beschädigungen der Augenhöhlen und der Kieferhöhlen, eine Bruchbeschädigung des rechten Felsenbeines, drei klaffende Rissquetschwunden sowohl über der Stirn als auch über der Hinterhauptsregion, eine Rissquetschwunde am Nasenrücken verbunden mit einem offenen Nasenbeinbruch und Rissquetschwunden im Bereich der Lippen, Blutungen zwischen den Hirnhäuten mit vorübergehender Verlagerung der Mittellinie des Gehirns, Hirnprellungsherde sowie Einatmung von Blut in den Lungen.

Dann präsentiert die Staatsanwältin den Geschworenen zwei großformatige Fotos: Das erste zeigt das Bild einer strahlenden jungen Frau, die unbekümmert in die Kamera lacht. Ihre Augen versprühen Jugend und Lebensfreude, die langen braunen Haare glänzen im Sonnenlicht.

---

[2] *Bezeichnung für die lebenslange Freiheitsstrafe in der Gaunersprache, die auch von Strafverteidigern verwendet wird*

Das zweite Bild zeigt, wie die Staatsanwältin betont, ein- und dieselbe Frau. Ihr Gesicht ist verquollen und auf groteske Weise eingedrückt.

Alfred B. sitzt mit gesenktem Kopf vor dem Richtertisch. Der schwarze Anzug ist ihm ein bisschen zu groß, was ihn ein wenig unbeholfen aussehen lässt. Ich habe ihm erklärt, dass der vorsitzende Richter es nicht schätzt, wenn Leute um den heißen Brei herumreden: „Sie werden sich schuldig bekennen und die Verantwortung für Ihre Taten übernehmen!" erkläre ich ihm, und er hält sich an meine Vereinbarung. Seine Sätze sind einfach und klar, er wirkt dabei ehrlich und authentisch. Wie viele Menschen, die wegen schwerer Straftaten vor Gericht stehen, ist auch dieser Mensch sich selbst ein Rätsel. Er scheint damit aber kein Problem zu haben: „Ich wollte Sex mit der Frau. Ich habe mich aber nicht getraut, sie anzusprechen. Ich kann es mir nicht erklären, warum ich mit der Eisenstange auf sie eingedroschen habe."

„Hat die Stange so ausgesehen?" Das Gericht hat eine baugleiche Eisenstange anfertigen lassen. Alfred B. nickt. Er wirkt dabei nicht etwa betroffen und scheint auch frei jeglicher Schamgefühle zu sein. Vielmehr ist es ihm offenbar ein wichtiges Anliegen, bei Gericht gut mitzuarbeiten und damit zur Wahrheitsfindung beizutragen.

Die Zeugin Klara B. wird aufgerufen. Sie ist ein kleines, zartes Mädchen mit kurzen braunen Haaren. Sie wurde inzwischen mehrfach operiert, doch ihr Gesicht ist nach wie vor stark entstellt. Sie sitzt aufrecht vor dem Richtertisch und spricht mit klarer Stimme. Sie hätte verlangen können, dass der Angeklagte während ihrer Aussage den Saal verlässt, doch sie hat keinen Gebrauch von diesem Recht gemacht. Sie wird sich noch zahlreichen weiteren Operationen und langwierigen Therapien unterziehen müssen, und es ist mehr als fraglich, ob sie jemals wieder ihren Beruf ausüben wird können. Doch die Art und Weise, wie sie mit ihrem Schicksal umgeht, gebietet Respekt. Klara B. ist keine, die sich unterkriegen lässt, und sie scheint ihren Lebensmut nicht verloren zu haben. „Darf ich die Verhandlung jetzt verfolgen?" fragt sie den vorsitzenden Richter nach ihrer Aussage. „Freilich, jetzt wo Sie ausgesagt haben, dürfen Sie im Saal bleiben", antwortet der Richter.

Alfred B. hat die Aussage seines Opfers mit gesenktem Kopf über sich ergehen lassen. Doch als die Zeugin aufsteht, meldet er sich zu Wort: „Ich möchte mich bei Frau B. entschuldigen…" Klara B. sieht ihn für einen Moment ratlos an, bevor sie in einer der hinteren Reihen Platz nimmt.

***

Ganz anders als Klara B. ergeht es der anderen jungen Frau, auf die Alfred B. mit einem Maurerhammer eingedroschen hat. Sie hatte flüchten können und weitaus leichtere Verletzungen davongetragen. Umso dramatischer für die junge Frau sind jedoch die seelischen Folgen: Alexandra N. leidet bis heute an einem schweren posttraumatischen Belastungssyndrom. Sie hat sich völlig zurückgezogen, wagt sich kaum noch unter Menschen, geht bei Dunkelheit nicht mehr außer Haus. Die Opfervertreterin legt dem Gericht ein ärztliches Attest vor, wonach die Zeugin der Ladung aus gesundheitlichen Gründen nicht folgen kann. Es wird einstimmig auf die Einvernahme verzichtet.

Als letzte Zeugin wird die Ehefrau des Angeklagten aufgerufen. Die kleine, verhärmte Frau nimmt in geduckter Haltung vor dem Richtertisch Platz und blickt misstrauisch um sich. Sie ist von einfachem Gemüt und kann nichts Schlechtes über ihren Mann sagen. Er sei immer wieder arbeitslos und im Gefängnis gewesen, aber: „Er war ein guter Vater. Er ist halt einbrechen gegangen, damit die Kinder Weihnachtsgeschenke bekommen."

***

Es ist einer jener Prozesse, wo es nicht viel zu verlieren gibt. Alfred B. ist schuldig und zurechnungsfähig und wird dafür bestraft werden. Als seine Verteidigerin habe ich nur ein Ziel: Ich möchte verhindern, dass er „lebenslang" bekommt.

Kurz vor vierzehn Uhr verkündet der vorsitzende Richter den Schluss des Beweisverfahrens. Die Geschworenen ziehen sich zur Beratung zurück. Sie dauert nur kurz, und das Ergebnis ist wenig überraschend: Alfred B. ist schuldig des versuchten Mordes an Klara B. und der schweren Körperverletzung an Alexandra N. Er wird hierfür zu einer Freiheitstrafe in der Dauer von zwanzig Jahren verurteilt. Alfred B. hat auf meinen Rat gehört und nicht versucht, sich herauszureden. Er hat dem Gericht Respekt entgegengebracht. Die Reue, die er gezeigt hat, wirkte ehrlich. Als mildernd wurde gewertet, dass er die Taten unter dem Einfluss einer organisch bedingten psychischen Erkrankung begangen hat. Deshalb wird Alfred B. auch in eine Anstalt für geistig abnorme Rechtsbrecher eingewiesen. Da er als zurechnungsfähig gilt, wird er seine Strafe zwar in einem herkömmlichen Gefängnis verbüßen, dort jedoch psychologisch und psychiatrisch behandelt werden. Nach dem Ende der Strafhaft kommt eine Entlassung für ihn erst in Frage, wenn ein psychiatrisches Gutachten ergibt, dass ein Gefährlichkeitsabbau stattgefunden hat.

Sowohl Verteidigung als auch Staatsanwaltschaft verzichten auf Rechtsmittel.

Am schlimmsten sei es in den Vollmondnächten, wissen Mitarbeiter des Rettungsdienstes, Feuerwehrleute und Polizeibeamte zu berichten. Familienväter, die Frauen mit dem Messer bedrohen. Mordopfer. Selbstmörder. Grausam zugerichtete Leichen. Entstellte Unfallopfer. Psychosen. Die wild um sich schlagenden, von inneren Dämonen geplagten Wahnkranken entwickeln ungeahnte Kräfte. Es bedarf oft erheblichen Körpereinsatzes, um sie zu bändigen und auf eine psychiatrische Abteilung zu verbringen. Dorthin können sie, freilich nur für einen begrenzten Zeitraum, durch einen Beschluss des Bezirksgerichts zwangsweise nach dem Unterbringungsgesetz eingewiesen werden.

VOLLMOND

Die weiße Scheibe mit der kleinen Antenne ist exakt auf ihre Wohnung ausgerichtet. Eleonore K. weiß längst, wozu sie dient: Der Mann mit der dicken Hornbrille und den schlohweißen Haaren, der oberhalb von ihr wohnt, observiert sie Tag und Nacht. Er nimmt alle ihre Schritte wahr, registriert jedes Geräusch, notiert penibel alles in seinen geheimen Aufzeichnungen. Der Plan ist klar: Er steht mit einem international agierenden Bordellring in Verbindung. Eleonore K. soll das nächste Opfer werden. Sie soll als Sex-Sklavin ins Ausland verkauft werden.

Schon als sie gegen Mittag aufgewacht war, hatte sie dieses Gefühl gehabt: Heute wird etwas geschehen. Sie blickt aus dem Fenster. Der Himmel ist von dunklen Wolken verhangen. Es wird Furchtbares geschehen. Trotzdem zieht sie sich an, wagt sie sich aus ihrer Wohnung. Als sie den Supermarkt verlässt, spürt sie deutlich, dass ihr jemand folgt. Sie läuft schnell in ihre Wohnung, schlägt die Türe hinter sich zu, verriegelt alle Schlösser und legt sich ins Bett. So verbringt sie den ganzen Tag. Es wird Abend, dann Nacht. Sie steht auf, blickt in durch den Vollmond erleuchteten Innenhof. Die weiße Scheibe vor dem Fenster des Nachbarn hebt sich deutlich von der dunklen Fassade ab. Plötzlich steigt ihr ein stechender Geruch in die Nase. Sie weiß es sofort: Nervengas! Der strenge Geruch wird immer stärker, die Lungen schmerzen, der ganze Körper scheint zu brennen. Sie nimmt ihr Handy, wählt den Notruf der Wiener Polizei, brüllt in den Hörer. „Ich schicke sofort einen Wagen. Bitte beruhigen Sie sich", erklärt ihr eine Frauenstimme. Sie zieht sich nackt aus, befeuchtet Handtücher, presst sie auf ihren Körper. Es bringt keine Linderung. Alles brennt, alles schmerzt.

Da poltert es an der Türe. Laute Rufe. Gebrüll von Männern. Sie sind da. Sie werden sie holen. In Panik läuft sie in die Küche, öffnet die Lade, nimmt zwei riesige Fleischermesser heraus. Die Schreie von draußen werden immer lauter. Die Türe scheppert, sie treten dagegen. Sie versuchen einzubrechen. Voller Panik hechtet sie ins kleine, unmittelbar an die Küche angrenzende Bad und verschanzt sich nackt und mit den Messern bewaffnet in der Duschkabine.

Ohrenbetäubendes Krachen. Stampfende Schritte. Sie kommen näher. Schreie. Jemand tritt die Badezimmertüre auf.

* * *

Als Kind hatte er Not und Unrecht am eigenen Leib erleben müssen. Mario B. stammt aus Ex-Jugoslawien und ist erst im Alter von zehn Jahren mit seinen Eltern nach Wien geflohen. Seitdem stand seine Berufung fest: Er wollte für Gerechtigkeit sorgen. Sich für die Schwachen einsetzen. Mit achtzehn bewirbt sich Mario B. bei der Wiener Polizei und wird aufgenommen. Inzwischen ist er Ende zwanzig und fährt immer noch Streife. In einer Großstadt wie Wien bedeutet dies die tägliche und nächtliche Konfrontation mit Extremsituationen. Mario B. glaubt, längst daran gewöhnt zu sein.

* * *

Es ist eine mondhelle Nacht Anfang März. Gegen vier Uhr morgens erreicht Mario B., der gerade mit seinem Kollegen Andreas S. in einem Einsatzwagen unterwegs ist, ein Funkspruch der Einsatzzentrale: „Not-

ruf einer laut schreienden, weiblichen Person in 1150 Wien, Goldschlagstraße. Meldungslegerin fordert Rettung, Feuerwehr und Polizei. Vermutlich Brand. "Mario B. wendet sofort und rast in die Goldschlagstraße. Während er noch unterwegs ist, erreicht ihn ein zweiter Funkspruch: „Es dürfte sich um eine Psychose handeln, die recht tobend ist …«

Unmittelbar danach trifft er am Einsatzort ein. Eine trostlose Zinskaserne. Es dämmert schon. Die Beamten betreten das schmutzige Stiegenhaus. Es ist eiskalt. Am Gang Wäscheständer, Schlapfen, allerlei Gerümpel. Ein Hausbewohner steht am Haustor. Von da oben, der Wohnung im zweiten Stock, seien die die Schreie gekommen. Eine junge alleinstehende Frau wohne dort. Die Beamten gehen die schmale Wendeltreppe hoch, dann stehen sie vor der Wohnung. Die Klingel funktioniert nicht. Sie klopfen mehrmals an der Türe, rufen: „Polizei, öffnen Sie bitte!" Kein Laut dringt aus der Wohnung. Mario B. und sein Kollege müssen davon ausgehen, dass die Frau sich entweder selbst etwas angetan hat oder Opfer einer Gewalttat geworden ist.

Inzwischen sind auch die Sanitäter und die Feuerwehr eingetroffen. Als Dienstälterer ist Mario B. jetzt der Einsatzleiter und ordnet den Feuerwehrmännern an, die Türe mit einer Brechstange aufzubrechen. Es geht schnell, die Türe ist alt und schon schadhaft. Die Beamten betreten einen engen Vorraum, der in eine schmale, beidseitig verbaute Küche führt. Sie durchsuchen vorsichtig die Räumlichkeiten, die Hand einsatzbereit an der im Gürtelholster steckenden Dienstwaffe. Ein Gewalttäter könnte sich irgendwo in dieser Wohnung versteckt halten.

Plötzlich vernehmen sie die gellenden Schreie einer Frau. Sie kommen aus dem unteren Ende der Küche, wo sich schmale, verschlossene Türe befindet. Jetzt sehen sie, wo das Wasser herkommt, es rinnt vom unteren Rand der Türe heraus. Mario B. positioniert sich davor, sein Kollege Andreas S. gibt ihm Rückendeckung. Mario B. und klopft: „Polizei, bitte öffnen! Dabei hält er die rechte Hand in „aufmerksamer Sicherheitshaltung«, so der polizeiliche Fachbegriff, an der im Holster befindlichen Dienstwaffe, eine „GLOCK 17", während er mit der anderen langsam die Türe öffnet. Er erblickt die Duschkabine aus halbdurchsichtigem Plexiglas. Dahinter sind schemenhaft die Umrisse einer kauernden Person zu erkennen. Auf einmal öffnet sich die Schiebetüre, und eine Frau schießt mit einem einzigen Satz heraus. Mario B. sieht ihr direkt in die Augen. Sie sind weit aufgerissen. Die Frau ist völlig nackt und umklammert zwei große Messer, die Klingen direkt auf ihn gerichtet. Er prallt zurück. Wild mit den Messern fuchtelnd stürzt die Frau an ihm vorbei, direkt auf seinen Kollegen Andreas S. Der hebt reflexartig die Hände, um die auf ihn niederprasselnden Stiche abzuwehren. Dabei durchschneiden die Messer seine dicken Lederhandschuhe. Plötzlich rutscht er im Wasser aus und geht zu Boden. Die Angreiferin beugt sich über ihn, holt mit der rechten Hand aus und zielt mit den Messern auf den Oberkörper des am Boden liegenden Polizisten.

Ein Schuss bricht.

Wie er es bei den polizeilichen Schießübungen gelernt hat, hat Mario B. auf die größte Körperfläche gezielt. Der Knall war ohrenbetäubend. Doch die Angreiferin ist stehengeblieben, und sie holt wieder aus mit ihren Messern, gleich wird sie auf seinen Kollegen einstechen... Mario B. gibt einen weiteren Schuss auf die Frau ab. Weiterhin keine Schusswirkung! Die Angreiferin sticht jetzt auf den Kollegen ein, der sich an Boden windet, um den Messerhieben auszuweichen. Ein entsetzlicher Gedanke durchzuckt Mario B. – hat seine Dienstwaffe nur Platzpatronen geladen? Er schießt ein weiteres Mal. Ein drittes, viertes, fünftes, sechstes Mal. Erst jetzt taumelt die Frau. Mario B. schießt ein siebentes Mal. Die Frau bricht zusammen.

Währenddessen ist es Andreas S. gelungen, sich in den Bereich des Türrahmens in Sicherheit zu robben. Die Angreiferin liegt rücklings im Vorraum. Sie hat eines der Messer verloren, das andere umklammert sie noch fest in den Händen und holt damit immer wieder aus, in alle Richtungen rotierend. Mit der Waffe im Anschlag funkt Mario B. Verstärkung: „Person liegt verletzt am Boden. Mit Messer bewaffnet.« Doch plötzlich, ohne jede Vorwarnung, bäumt sich der Oberkörper der Angreiferin wieder auf. Sie fixiert Mario B. mit starren, weit aufgerissenen Augen, zieht die Beine zusammen, um sich gleich wieder aufzurichten. Das kann es nicht sein. Mario B. schießt. Trifft sie am Oberschenkel. Sie taumelt kurz, bleibt aber aufrecht. Er schießt ein weiteres Mal, diesmal auf ihr Gesäß. Sie sackt zusammen und bleibt regungslos liegen.

Wie sich später herausstellt, hat Mario B. neun Mal auf die Frau geschossen. Und er hat sie neun Mal getroffen.

Sein Kollege Andreas S. erlitt wie durch ein Wunder nur leichte Stichverletzungen an Händen und Oberarmen.

* * *

Ich kenne Mario B. und seine Eltern schon lange und bin sozusagen ihre Familienanwältin. Er erreicht mich am Vormittag des folgenden Tages: „Frau Doktor, bitte glauben Sie nicht, was jetzt schon in den Internetmedien steht. Ich gehe jetzt zur Einvernahme beim BAK [1].«

Zahlreiche Schüsse auf eine wehrlose, nackte Frau. Die Medien sind in Aufruhr, die Behörde steht unter Druck. Die Staatsanwaltschaft hat gegen Mario B. umgehend Erhebungen wegen Verdachtes der schweren Körperverletzung zum Nachteil der Eleonore K. eingeleitet. Aus anwaltlicher Vorsicht empfehle ich meinem Mandanten, die Aktenabschrift abzuwarten und vorerst keine Aussage zu tätigen. Doch ich kenne ihn und weiß, dass er sich davon nicht abhalten lassen wird: „Ich habe mir nichts vorzuwerfen. Ich habe in der Situation richtig gehandelt, da gibt's nichts zu drehen und zu wenden. Ich möchte es hinter mich bringen."

* * *

Die vierzigjährige Eleonore K. wird unterdessen auf der Intensivstation des Allgemeinen Krankenhauses notoperiert. Es ist ungewiss, ob

---

[1] *Bundesamt für Korruptionsbekämpfung. Die dort eingesetzten Polizeibeamten ermitteln bei Verdacht von Gesetzesbrüchen gegen ihre Kollegen.*

sie überleben wird. Ihr Körper weist achtzehn Ein- und Ausschüsse auf: am Oberkörper, am Bauch, an den Armen und Händen, oberhalb des Knies, am Oberschenkel, am Gesäß. Wie war es möglich, frage ich mich, dass Eleonore K. trotz ihrer schweren Wunden nicht zu Boden sackte?

Das Herausfordernde am Anwaltsberuf ist unter anderem, dass man sich immer wieder mit neuen Herausforderungen konfrontiert sieht. Was mit sich bringt, dass man sich immer wieder aufs Neues mit Fachbereichen beschäftigen muss, mit denen man zuvor nie zu tun hatte. Diesmal ist es die Waffenkunde, in die ich mich einlese.

Auszug aus dem Werk „Praxis- und Härtetest von Armee und Polizeipistolen«[2] , verfasst von Ingo Wieser und Siegfried Hübner:

„Ein Mann randalierte in einem Lokal. Ein um Intervention gebetener Polizeibeamter betrat dieses Lokal und wurde sofort von dem Randalierer niedergeschlagen, der in weiterer Folge die Flucht ergriff. Der Beamte lief dem auf der Straße flüchtenden Mann nach, wobei er unvorsichtigerweise seine Dienstwaffe, eine „GLOCK 17" im Kaliber 9mm PARABELLUM im Holster beließ. Plötzlich blieb der Flüchtende stehen, dreht sich um und schoss aus einer Entfernung von zirka 10 Metern mit seiner Pistole, einer FN M35 im Kaliber 9 mm PARABELLUM mit Vollmantel-Ogivalgeschossen, gegen den Polizeibeamten und traf diesen fünfmal im Brustbereich. Der Beamte erlitt vier Lungendurchschüsse und einen Herzdurchschuss. Er zog seine Pistole und feuerte seinerseits auf den nunmehr wieder flüchtenden Täter und trafen diesen im Bereich der Schulter und des Oberarms. Dann ging der Polizeibeamte über die Straße und lehnte sich an der Hausmauer an. Ein vorbeikommender Passant lief zu dem Polizeibeamten und bat ihn um dessen Pistole, damit er die Verfolgung des Täters weiter aufnehmen konnte. Der Polizeibeamte lehnte die Übergabe der Pistole unter Hinweis auf die entsprechenden Vorschriften ab und verstarb. Trotz vier Lungendurchschüssen und einem Herzdurchschuss war der Beamte zirka zehn Minuten in seiner Handlungsfähigkeit in keinster Weise beeinträchtigt. Solange das Gehirn mit Sauerstoff entsprechend versorgt wird, konnte er trotz Zerstörung eines lebenswichtigen Organs und zahlreicher Durchschussverletzungen unbeeinträchtigt handeln. "

---

[2] *Neuer wissenschaftlicher Verlag/ Graz 2003*

* * *

Mario B. geht es nicht gut. Wegen der hämischen Medienberichte, die ihm zugesetzt haben. Er ist einer, der alles in sich hineinfrisst. Seine Beziehung hat der Belastung nicht standgehalten und ist zerbrochen.

Einen Monat nach dem Vorfall findet eine Tatrekonstruktion in der Tatwohnung statt. Die Umgebung wird großräumig in einem Umkreis von einigen hundert Metern abgeriegelt, was die Pressefotografen freilich nicht daran hindert, sich schon in den frühen Morgenstunden vor dem Haus zu postieren. Als ich eintreffe, ist die winzige Wohnung gerammelt voll. Der Richter, die Staatsanwältin, Gerichtsbedienstete, die Beamten der Spurensicherung in ihren weißen Plastikanzügen sind schon da. Am Schluss trifft derjenige ein, dessen Gutachten entscheidende Bedeutung zukommen wird: Ingo Wieser, der dem Verfahren als Sachverständiger für Polizeieinsatztaktik zugezogen wurde.

Die Wohnung wirkt düster und abgewohnt, schon im Vorraum stapeln sich Unmengen an Prospekten und alten Zeitungen. Am Türstock ist immer noch eingetrocknetes Blut zu erkennen. Am vergammelten Teppichboden, der einmal senfgelb gewesen sein muss, ist ein großer dunkelbrauner Fleck auszumachen. Hier war die große Blutlache, in der Eleonore K. gelegen ist.

Der beschuldigte Polizeibeamte Mario B. trifft in einem mit uniformierten Polizisten voll besetzten Polizeibus ein. Auch er ist in Uniform. Dadurch kann keiner von den Presseleuten erkennen, wer von den aussteigenden Polizisten der Beschuldigte ist. Seine Identität bleibt geschützt.

Die Tatrekonstruktion wird fast den ganzen Tag dauern. Ein paar Wochen später trifft das schusswaffentechnische Gerichtsgutachten ein. Ingo Wieser ist es darin gelungen, den komplexen Sachverhalt so darzustellen, dass er auch für Laien verständlich wird: Die Wirkung von Schusswaffen beruhe demnach auf zwei Effekten, nämlich der Zerstörung von lebenswichtigen Organen und dem Schmerz, der dadurch hervorgerufen wird: *„Die Intensität des Schmerzes ist einerseits abhängig von den biomechanischen Vorgängen (…) und andererseits vom psychischen Zustand des Getroffenen, d. h. unter anderem von der Höhe seines Adrenalinspiegels. In einem entsprechenden psychischen Ausnahmezustand, der in einer Kampfsituation im Regelfall gegeben ist, kann die objektiv vorhandene Verletzung mangels subjektiv spürbaren Schmerzes nicht wahrgenommen werden, wodurch die Handlungsfähigkeit vorerst nicht beeinträchtigt wird."* Der *„nicht vorausberechenbare und somit äußerst unterschiedliche psychische Zustand von Getroffenen"* sei demnach einer der Gründe dafür, dass die Waffenwirkung am Menschen schwer abschätzbar sei. Einzig die Zerstörung des Kleinhirns und der oberen Halswirbel führe zu einer sofortigen Handlungsunfähigkeit.

Dass Eleonore K. trotz Erhalts mehrerer Treffer keine Reaktion auf die Schüsse gezeigt hat, diese offenbar nicht einmal bemerkt hat, ist also auf ihren damaligen psychischen Zustand zurückzuführen. Sie war in wilder Panik vor den Männern, die ihre Wohnung aufgebrochen hatten, um sie zu entführen, und voller Adrenalin …

* * *

Eleonore K. überlebt trotz ihrer schweren Verletzungen. Die Staatsanwaltschaft Wien führt auch gegen sie Erhebungen wegen versuchten Mordes. Die psychiatrische Exploration bringt zutage, dass sie wegen paranoider Wahnstörungen bereits mehrfach stationär auf der Psychiatrie gewesen war. Fokus ihres Wahns war zuletzt der Nachbar oberhalb, den sie verdächtigte, sie mittels eines technischen Geräts Tag und Nacht zu observieren. In Wirklichkeit war der Mann ein freundlicher Pensionist, der eine herkömmliche SAT-Schüssel an seinem Fenster montiert hatte. Eleonore K. war überzeugt, dass der Nachbar Nervengas in ihre Wohnung geleitet hätte, um sie zu betäuben. Und davon, dass die in ihre Wohnung eingedrungenen Männer Angehörige eines international agierenden Bordellrings seien, die sie entführen und als Sex-Sklavin verkaufen wollten. Die psychiatrische Sachverständige kommt zum Schluss, dass Eleonore K. in der Tatnacht unter dem

Einfluss einer akuten Wahnstörung gestanden und daher nicht zurechnungsfähig gewesen sei.

Wenige Monate später findet die Hauptverhandlung in der Strafsache Eleonore K. statt. Sie ist noch immer geschwächt und wird in einem Rollstuhl in den Saal geführt. Inzwischen lebt sie in einem betreuten Wohnheim und ist medikamentös so gut eingestellt, dass das Gericht eine bedingte Einweisung in den Maßnahmenvollzug ausspricht. Unter der Auflage, dass sie ihre Therapie weiterführt und die Depotmedikation nicht absetzt, darf sie auf freiem Fuß bleiben.

* * *

Was Mario B. betrifft, so kommt die Staatsanwaltschaft zum Schluss, dass er in Nothilfe und Notwehr gehandelt hatte, um das Leben seines Kollegen und sein eigenes zu verteidigen. Eine Nothilfe- bzw. Notwehrsituation liegt nach dem Gesetz bei einem unmittelbaren rechtswidrigen Angriff auf das eigene Leben oder das Leben eines anderen vor. Dabei muss der Angegriffene zwar grundsätzlich zum gelindesten Mittel greifen, das notwendig ist, um den Angriff effizient abwehren zu können. Langwierige Abwägungen darüber, welches Mittel in der konkreten Situation das gelindeste ist, sind dem Angegriffenen freilich nicht zuzumuten. Er befindet sich in einer Gefahrensituation und muss blitzschnell entscheiden.

Das Verfahren gegen Mario B. wird eingestellt.

Wenn ein psychiatrischer Sachverständiger eine höhergradige geistige Abnormität feststellt und eine entsprechende Gefährlichkeitsprognose abgibt, wonach die Begehung schwerer Straftaten gegen Leib und Leben zu erwarten ist, so bedeutet dies freilich noch keinen Schuldspruch. Es ist ungeachtet der potentiellen Gefährlichkeit des Untersuchten vielmehr Sache des Gerichts zu beurteilen, ob der Angeklagte die ihm zur Last gelegte Tat tatsächlich begangen hat.

SUCHT

Eine Wohnung in einem Wiener Arbeiterbezirk

Sie muss einmal eine schöne Frau gewesen sein. Ein ovales Gesicht mit ebenmäßigen Zügen, die jedoch hart und verbittert wirken. Ein voller Mund, der von feinen Knitterfältchen umspielt wird. Schmale, blaue Augen mit geschwungenen Lidern ohne Wimpern. Ihre Haare sind schulterlang, jedoch schütter und von einem stumpfen, leblosen Braun.

Tanja kauert mit angewinkelten Beinen auf der breiten Wohnzimmercouch. Auf dem Tischchen vor ihr stehen unzählige Tetra-Packungen und Flaschen, weitere liegen verstreut zwischen Plastikbechern und alten Zeitungen am Boden. Wein, Bier, Wodka, das meiste schon leergetrunken. Was den Nachschub betrifft, so ist sie auf Gerd angewiesen. Er hat ihr das Geld und den Wohnungsschlüssel abgenommen. Obwohl es ihre Wohnung ist, und er erst vor rund drei Monaten bei ihr eingezogen ist.

Sie hatte den „Weltenbummler", wie er sich selbst nennt, in der kleinen Spelunke im Bahnhofsviertel kennengelernt. Er stamme aus Berlin, hatte er ihr erzählt, doch sei seit vielen Jahren auf Weltreise. Zuletzt habe er in London gelebt und dort als Barkeeper und Disc-Jockey gearbeitet. Tanja fand den groß gewachsenen Mann mit schwarzen Haaren und grünen Augen auf Anhieb sympathisch und willigte sofort ein, als er ihr vorschlug, „für ein paar Tage" bei ihr einzuziehen.

***

Aus den „paar Tagen" waren inzwischen drei Monate geworden, und Gerd hatte längst sein wahres Gesicht offenbart. Es hatte damit angefangen, dass er ihr das Arbeitslosengeld abgenommen hatte: „Weil du mit Geld nicht umgehen kannst. Ich verwalte es für dich."

Die ersten Schläge hatte er ihr versetzt, als sie sich in der Wohnung eines alten Bekannten betrunken hatte und sie erst in den frühen Morgenstunden nach Hause gekommen war. Gerd schien geradezu auf sie gelauert zu haben. Er drosch auf sie ein wie ein wildes Tier. Danach vergewaltigte er sie und nahm ihr den Wohnungsschlüssel ab.

Die Schläge waren inzwischen an der Tagesordnung. Den Sex mit ihr nahm er sich, wenn ihm danach war, und sie hatte sich zu fügen.

War sie überhaupt je in ihn verliebt gewesen? Warum hatte sie ihn bei sich einziehen lassen? Warum ließ sie sich all das gefallen? Tanja wusste längst keine Antworten mehr auf solche Fragen. Obwohl sie nicht einmal vierzig war, hatte der Alkohol ihr Leben längst kaputt gemacht.

Vernehmungszone einer Justizanstalt

Sie blickt mich mit verweinten Augen an und flüstert: „Ich brauche was zum Trinken…" Der Entzug macht ihr zu schaffen, doch hier im Gefängnis bekommt sie keinen Alkohol. Zumindest nicht in der Spitalsabteilung, in die man sie nach ihrem epileptischen Anfall verbracht hat.

***

War dieses Leben nicht schon kaputt gewesen, bevor es überhaupt begonnen hatte? Inzwischen kenne ich ihre Akte, und ein bisschen hat auch sie selbst über sich preisgegeben.

Ihr Vater war noch vor ihrer Geburt durch Selbstmord aus dem Leben geschieden. Die alkoholkranke Mutter war mit dem Kleinkind völlig überfordert gewesen. Mit drei Jahren kam Tanja in ein Krisenzentrum, später auf einen Pflegeplatz. Dort schien es ihr gut zu gehen. Eine Sozialarbeiterin hatte mir Unterlagen aus der Wohnung meiner Mandantin gebracht, darunter waren auch ein paar Kindheitsfotos. Sie zeigen ein fröhliches, verschmitzt lächelndes Mädchen.

Der Bruch kam mit der Pubertät. Tanja wurde aggressiv und schlug ihre Pflegemutter. Mit dreizehn büxte sie aus. Da die Pflegeeltern nicht mehr mit ihr fertig wurden, kam sie in ein Heim für schwer erziehbare Mädchen. Mit sechzehn lebte sie auf der Straße, verkaufte ihren Körper am Strich, wurde schwanger. Ihr damaliger Freund schlug sie so heftig, dass sie das Kind verlor. Mit achtzehn brachte sie einen Buben auf die Welt. Er wurde ihr abgenommen und lebt in einer Pflegefamilie. „Aber ich zahle regelmäßig Unterhalt!" betont Tanja stets, wenn die Rede auf ihr Kind kommt.

Man kann nicht sagen, dass sie sich nicht bemüht hätte. Tanja hatte ein paar Mal einen Entzug gemacht, war danach monatelang „trocken" geblieben. Warum sie rückfällig geworden sei, frage ich sie. Sie weiß darauf keine rechte Antwort. Es lag wohl daran, dass sie mit ihrem ganzen Dasein überfordert ist. Im Berufsleben hatte sie, abgesehen von ein paar Aushilfsjobs als Kellnerin, nie Fuß gefasst. Ihr Beziehungsleben eine einzige Aneinanderreihung von Enttäuschungen.

Ihr letzter Mann hat sie an diesen Ort gebracht. Ins Gefängnis.

Eine Wohnung in einem Wiener Arbeiterbezirk

„Das ist Tom. Er wird ein paar Tage bei uns leben", hatte Gerd ihn vorgestellt. Tanja fand den großen, schlaksigen Typen von vornherein unsympathisch. Er wirkte ungepflegt, roch nach Schweiß und ungewaschener Kleidung. Doch er hatte viel Bargeld bei sich, woher auch immer, und bezahlte Gerd gut für die Übernachtungsmöglichkeit auf Tanjas Wohnzimmercouch.

***

An diesem Sonntagnachmittag ist Gerd außer Haus. Sie weiß nicht, wo er ist, würde ihn auch nie danach fragen, weil sie ohnehin keine Antwort bekommen würde. Tanja lungert auf der Couch, neben sich die Fernbedienung und ein Doppler Wein. Sie nimmt einen Schluck aus der Flasche und starrt mit leerem Blick auf den Fernseher. Plötzlich spürt sie, wie eine Hand von hinten ihren Hals umschlingt. Sie dreht sich rasch um und blickt in das zerknitterte Gesicht von Tom. Seine Augen sind geschlossen, seine Lippen gespreizt: „Küss mich", flüstert er. „Küss mich…" Er riecht aus dem Mund, es ekelt sie. Sie spürt seine Bartstoppeln auf ihrer Wange. Sie verspürt Brechreiz. Mit einem Satz springt sie auf und läuft in Richtung Küche. Er folgt ihr, hält sie fest. Sie versucht sich loszureißen und schreit: „Du Dreckstück!"

Da hört sie, wie jemand die Haustüre aufsperrt, und schon steht Gerd im Flur. „Das Schwein wollte mich vergewaltigen!" brüllt Tanja. Gerd sagt kein Wort. Er stößt sie zur Seite, packt Tom an der Gurgel und schlägt ihm mit der Faust mitten ins Gesicht. Tom geht sofort zu Boden. Gerd ist jetzt rasend vor Wut. Er tritt auf den Liegenden ein, immer und immer wieder. Als Tom versucht aufzustehen, tritt er Gerd ihn so brutal auf den Kopf, dass er regungslos liegen bleibt. Gerds Augen funkeln böse, als er flüstert: „Na warte, dem werde ich's noch zeigen!" Er verschwindet für einen Moment in den Abstellraum, um dann mit einem Hammer und großen Schraubenzieher wieder herauszukommen. Er beugt sich über den regungslos am Boden liegenden Tom, um dann den Schraubenzieher an Toms Schläfe zu halten und den Hammer anzusetzen. Tanja hört, wie Tom röchelt und wimmert. Gerd fragt sie: „Soll ich?"

Tanja dreht sich um und läuft ins Wohnzimmer. Sie kann später nicht mehr sagen, welche Gefühle sie damals empfunden hat. Angst. Abscheu. Ekel. Sie wirft sich auf die Couch und zieht sich einen Polster über ihren Kopf. Sie will nichts mehr hören und nichts mehr sehen. Sie besteht nur noch aus Angst. Davor, dass ihr dasselbe widerfahren könnte wie diesem Tom.

Irgendwann, sie weiß nicht, wie lange sie so dagelegen ist, wagt sie sich wieder auf den Flur. Sie sieht Tom. Er liegt am Boden und rührt sich nicht. Neben seinem Kopf befindet sich eine große Blutlache. In seiner linken Schläfe steckt ein großer Schraubenzieher.

Gerd kommt aus der Küche, in der Hand eine Flasche Bier. „So kann er nicht liegenbleiben, da stolpern wir drüber. Hilf mir, ihn wegzuräumen" befiehlt er ihr. Mit vereinten Kräften ziehen sie den Leichnam in die Abstellkammer.

„Jetzt haben wir ein gemeinsames Geheimnis" erklärt Gerd ihr und küsst sie auf den Mund. Dann zieht er sie ins Schlafzimmerbett und dringt brutal in sie ein.

Polizeilicher Aktenvermerk

Es meldet sich telefonisch ein Robert N. und gibt folgendes an: Er sei gestern Gast in seinem Stammlokal gewesen. Dort habe er den ihm flüchtig bekannten Gerd N. angetroffen, welcher offenbar stark alkoholisiert gewesen sei. N. habe ihm voller Stolz erzählt, dass er einen Mann „zur Strecke gebracht habe", indem er ihm einen Schraubenzieher in den Kopf gerammt habe. Über Nachfrage habe er ihm mitgeteilt, dass es sich beim mutmaßlichen Opfer um Thomas K. handeln würde. Dem Zeugen erscheint dies deshalb merkwürdig, da Thomas K. seit mehr als einem Monat abgängig sei.

Vernehmungszone einer Justizanstalt

„Es hat schon so gestunken aus dem Abstellkammerl" erklärt mir meine Mandantin. „Doch ich habe mich nicht getraut, etwas zu sagen. Aber dann ist es auch dem Gerd zu viel geworden. Er hat die Leiche vom Tom gepackt und aus der Wohnung getragen. Ich bin ihm gefolgt und habe aufgewischt, weil noch ein bisschen Blut aus der Wunde herausgetropft ist. Dann sind wir mit dem Lift in den Müllraum. Gerd hat die Leiche kopfüber in die große Mülltonne geworfen."

Ich kann es nicht glauben: „Und niemand im Stiegenhaus hat euch gesehen?" Tanja G. schüttelt den Kopf: „Nein, überhaupt niemand."

„Wie auch immer, Ihr Freund hat Sie schwer belastet. Er hat sich bei seiner ersten polizeilichen Einvernahme geständig gezeigt und Sie der Anstiftung zum Mord an Tom K. bezichtigt. Zumindest der Tatbeteiligung. Demnach hätten Sie sich bei ihm darüber beschwert, dass Thomas K. Sie vergewaltigen hätte wollen. Gerd N. hat zugegeben, den Schraubenzieher in den Kopf von Thomas K. gerammt zu haben. Aber mit Ihrem Einverständnis. ‚Soll ich?' hätte er sie gefragt, und Sie sollen daraufhin genickt und geantwortet haben: ‚Ja bitte tu es!' Deshalb hat die Staatsanwaltschaft jetzt gegen Sie beide Anklage wegen Mordes erhoben."

Tanja schüttelt heftig den Kopf. „Er ist so ein fieser Typ. Er will mein Leben zerstören."

„Bei seiner zweiten Einvernahme vor dem Haftrichter hat er sein Geständnis allerdings widerrufen. Jetzt beharrt er darauf, dass Thomas K. in Wirklichkeit noch am Leben sei. Es habe einen Streit gegeben, und er habe den K. zusammengeschlagen. Danach hätte Thomas K. sich aber aufgerappelt und sich auf Nimmerwiedersehen aus der Wohnung geschlichen. Dem Zeugen habe er das mit dem Mord nur erzählt, weil er betrunken war und sich wichtigmachen wollte. Für diese Version spricht, dass die Leiche trotz intensiver Suche in den Müllverbrennungsanlagen nicht mehr gefunden werden konnte. Allerdings hat die

Polizei Ihre Wohnung inzwischen von Leichenspürhunden durchsuchen lassen. Sie haben genau dort angeschlagen, wo laut Ihren Angaben die Leiche gelegen sein muss. Man hat das Tatwerkzeug sichergestellt, um es auf DNA zu überprüfen." Meine Mandantin blickt mir entschlossen ins Gesicht. Inzwischen geht es ihr ein bisschen besser, sie erhält Medikamente gegen die Entzugserscheinungen. „Ich bleibe dabei. Es war so wie ich es der Polizei und Ihnen erzählt habe. Gerd hat den Tom umgebracht."

Schwurgerichtsaal

Rund ein halbes Jahr nach der Tat findet die Hauptverhandlung gegen Tanja und Gerd statt. In der Zwischenzeit war auch ein gerichtspsychiatrisches Gutachten eingeholt worden. Dieses attestiert meiner Mandantin eine schwere, durch jahrelangen Substanzmissbrauch ausgelöste psychische Abnormität in Form einer paranoiden Schizophrenie, einer Polytoxikomanie inklusive schwerem Alkoholismus und einer kombinierten Persönlichkeitsstörung. Unter dem Einfluss dieser Erkrankungen seien schwere Straftaten zu erwarten, weshalb der Gutachter für den Fall einer Verurteilung die Einweisung in eine Anstalt für geistig abnorme Rechtsbrecher empfiehlt.

***

„Es war ganz anders. Es tut mir leid, dass ich nicht von Anfang an die Wahrheit gesagt habe." Mit diesen Worten tischt der Erstangeklagte Gerd N. dem Gericht eine weitere Version der Geschehnisse auf. „Ja, ich gebe zu, dass ich dem Tom den Schraubenzieher in den Kopf gerammt habe. Vorher habe ich ihn ordentlich einen über die Rübe gezogen. Durch diesen Schlag ist er so unglücklich am Heizkörper angeschlagen, dass er sich nicht mehr gerührt hat. Er hat sich wohl das Genick gebrochen. Der Tom hat keinen Laut mehr von sich gegeben, als ich ihm den Schraubenzieher mit dem Hammer in den Kopf gerammt habe. Er war da schon tot. Mausetot."

Eine interessante Version, die nicht widerlegbar ist. Und sie erklärt auch, wie die DNA von Gerd N. auf den Schraubenzieher gekommen ist. Die Frage ist nur: Ist sie auch plausibel? Warum sollte jemand einem Menschen, der ohnedies schon tot ist, einen Schraubenzieher in den Kopf rammen? Andererseits sind diese beiden Angeklagten tatsächlich nicht mit normalen Maßstäben zu messen. Auch beim Erstangeklagten Gerd N. hat der Gerichtspsychiater die Einweisung in eine Anstalt für geistig abnorme Rechtsbrecher empfohlen. Er leide an einer schweren dissozialen Persönlichkeitsstörung und sei hochgefährlich.

„Hat Thomas K. noch geröchelt, als Gerd N. den Schraubenzieher angesetzt hat?" fragt der Staatsanwalt meine Mandantin. Diese schüttelt den Kopf und gibt zu Protokoll: „Nein, er hat sich nicht mehr bewegt. Ob er tot war, kann ich natürlich nicht sagen. Aber er hat keinen Laut mehr von sich gegeben."

Gerd N. hat sich entschlossen, meine Mandantin nicht mehr zu belasten. Vielleicht dankt sie es ihm, indem auch sie ihn nicht mehr belastet. Es ist für sie einerlei, ob er verurteilt oder freigesprochen wird.

In meinem Schlussplädoyer führe ich den Geschworenen noch einmal vor Augen, welcher Brutalität meine Mandantin durch den Erstangeklagten ausgesetzt gewesen war. Er hat sie eingesperrt, geschlagen und vergewaltigt. Ja, sie war beim Mord dabei. Sie hat ihn nicht verhindert. Doch nur deshalb, weil sie Angst hatte, das nächste Opfer von Gerd N. zu werden.

Dann ziehen sich die Geschworenen zur Beratung zurück. Schon nach knapp einer Stunde werden der Staatsanwalt und wir Verteidiger ins Beratungszimmer gerufen.

***

Die Geschworenen haben Gerd N. nicht geglaubt. Zu oft hat er schon seine Versionen gewechselt. Zu lebensfremd erscheint ihnen die heute aufgetischte Version, wonach Thomas K. bereits tot gewesen war, als Gerd N. ihm den Schraubenzieher in die Schläfe gerammt hat. Gerd N. wird im Stimmenverhältnis acht zu null des Mordes für schuldig gesprochen.

Im Hinblick auf meine Mandantin ist das Abstimmungsergebnis denkbar knapp: Vier zu vier. Das bedeutet im Sinne des Grundsatzes „Im Zweifel für den Angeklagten": Freispruch.

Gerd N. wird zu einer Freiheitsstrafe in der Dauer von zwanzig Jahren verurteilt und in Handschellen abgeführt. Tanja G. wird sofort auf freiem Fuß gesetzt.

***

Es war ein schöner Moment, meine Mandantin an diesem späten Nachmittag nach vielen Besuchen im Gefängnis auf der Straße verabschieden zu dürfen. Ich hatte wie immer mein Bestes gegeben und war damit erfolgreich gewesen. Schon nach wenigen Tagen habe ich mich aber gefragt, ob es für Tanja G. wirklich das Beste war: Da sie nach der Entlassung ohne Geld dastand, habe ich ihr einen Fünfziger zugesteckt. Sie hat ihn noch am selben Abend in „Hochprozentiges" angelegt...

.

Begeht ein psychisch Kranker eine Straftat, bedeutet dies noch nicht, dass er als zurechnungsunfähig für die Tat nicht zur Verantwortung gezogen werden kann. Die psychische Krankheit, etwa in Form einer paranoiden Schizophrenie, muss für die Tat auch handlungsbestimmend gewesen sein. Und nicht jeder, der eine verrückte Tat begeht, ist deshalb auch verrückt. In meiner Laufbahn als Strafverteidigerin bin ich Durchschnittsmenschen begegnet, in deren Inneren sich aus den verschiedensten Gründen ein ungeheurer Druck aufgebaut hat. So lange, bis er sich mit verheerender Wucht entladen hat.

SCHMERZ

Es hatte mit einem leichten Druckgefühl hinter den Augen begonnen. Er hatte dem nicht allzu viel Aufmerksamkeit geschenkt. Als es nicht besser wurde, besorgte er sich in der Apotheke Tropfen gegen trockene Augen. Sie halfen nicht. Nach ein paar Tagen verspürte er feine, scharfe Stiche hinter den Augen. Zuerst vereinzelt, dann immer häufiger, und dann verschlimmerte es sich rasant. Inzwischen hat er das Gefühl, dass seine Netzhaut permanent von tausenden feinen Nadeln malträtiert wird.

✳✳✳

Bernd W. ist Anfang fünfzig und lebt ein unauffälliges Leben. Nach der HTL-Matura hatte er einen Job beim Bauamt der Gemeinde Wien bekommen. Inzwischen ist er pragmatisiert und feiert bald sein fünfunddreißigjähriges Dienstjubiläum. Er hat nie geheiratet. „Ich habe mein Leben dem Beruf untergeordnet", erklärt er dazu. Vielleicht liegt es aber nur daran, dass Bernd W. nie gerne unter die Leute gegangen ist. Nach der Arbeit zieht er sich am liebsten hinter seine vier Wände zurück, bereitet sich ein kleines Abendmahl zu und beschäftigt sich dann mit dem Internet. Er hortet tausende Videospiele.

Zu seinen Eltern hat Bernd W. ein besonders enges Verhältnis. Er stammt aus bescheidenen Verhältnissen. Sein Vater war LKW-Fahrer gewesen, seine Mutter Hausfrau. Sie mussten große Entbehrungen auf sich nehmen, um ihrem Sohn eine höhere Ausbildung zu ermöglichen. Er dankt es ihnen, indem er ein Viertel seines Monatsgehalts den Eltern überweist, um deren kleine Pension aufzubessern.

Bernd W. hat eine jüngere Schwester, die ebenfalls in Wien lebt. Doch sein Verhältnis zu ihr ist getrübt. Die Kleine war immer das verwöhnte Nesthäkchen gewesen, doch sie hatte dies ihren Eltern nie gedankt. Während Bernd immer ein guter Schüler gewesen war, hatte sie sich in der Schule schwergetan und war sogar einmal sitzengeblieben. Später hat sie ihre Lehre als Bürokauffrau abgebrochen, geheiratet und zwei Kinder bekommen. Seit ihrer Scheidung war sie arbeitslos. Die Eltern schießen ihr immer wieder Geld zu. Bernd stört das. So wird seine Schwester nie lernen, endlich mit beiden Beinen im Leben zu stehen, findet er.

***

Inzwischen ist Bernd W. wegen seiner Augen seit Wochen im Krankenstand, und eine Odyssee zu den verschiedensten Ärzten liegt hinter ihm. Die Eltern sind besorgt, der Vater begleitet ihn immer wieder in die Ordinationen. Doch die Ärzte finden nichts. Eine Magnetresonanzuntersuchung bringt einen völlig unauffälligen Befund. Seine letzte Hoffnung ist ein berühmter Professor im Wiener Allgemeinen Krankenhaus: „Ihre Augen sind in Ordnung. Sie haben ein neurologisches Problem!"

Als er diese Sätze aus dem Mund des berühmten Professors hört, zerbricht etwas in Bernd W. Er steht wieder ganz am Anfang. Muss sich neue Ärzte suchen. Neurologen, die seine Krankheit vielleicht behandeln werden können. Oder auch nicht…

Schon seit Wochen schläft er schlecht, denn der Druck hinter den Augen verstärkt sich beim Liegen.

In dieser Nacht kann er überhaupt nicht schlafen. Düstere Gedanken kreisen in ihm, lassen ihm keine Ruhe: Wie geht es weiter? Werde ich je wieder gesund? Schreckensszenarien tun sich auf. Er wird als arbeitsunfähig gekündigt werden. Sofort ist der Gedanke an die Eltern da: Was soll aus ihnen werden? Sie sind auf seine monatlichen Unterstützungszahlungen angewiesen. Sie sind alt, werden bald pflegebedürftig werden. Sie haben niemanden außer ihm, ihren Sohn. Doch der ist jetzt offenbar unheilbar krank.

Plötzlich ist er da. Der Gedanke, den er im Normalzustand niemals zu denken gewagt hätte: Die Erlösung, sie liegt im Tod. Der nächtliche Gedanke festigt sich zum Entschluss: Ich werde meine Eltern töten und danach mich selbst. Es ist für alle das Beste. Danach fällt Bernd W. in einen leichten Dämmerschlaf.

***

Der nächste Tag ist ein Samstag. Wie jedes Wochenende ist er zu seinen Eltern zum Mittagessen eingeladen. Er zieht die Rollbalken hoch, die Sonne lacht vom Himmel. Es ist Februar und noch sehr kalt, doch die Tage sind schon länger geworden. In diesem Augenblick verwirft er seinen nächtlichen Entschluss, sich und die Eltern zu töten. Wie konnte er so etwas auch nur denken? Er rasiert sich, zieht ein frisches Hemd über und verlässt die Wohnung. Er braucht mit dem Auto rund eine halbe Stunde zu den Eltern, sie wohnen am anderen Ende der Stadt.

Natürlich hat er ihren Wohnungsschlüssel. Nachdem er aufgesperrt hat, steigen ihm wohlbekannte Küchengerüche entgegen. Die Mutter hat Rindsuppe und Zwiebelrostbraten gekocht. Der Vater ist gerade dabei, den Tisch zu decken. Bernd W. nimmt Platz und beginnt zu erzählen. Vom Termin im Krankenhaus, und davon, dass der Arzt ihm gesagt hatte, dass sein Augenproblem neurologisch wäre. Beim Erzählen spürt er, wie die Verzweiflung wieder hochkommt. Die Eltern können ihn nicht trösten, im Gegenteil. Die Mutter macht irgendwelche Vorschläge, doch sie wirkt hilflos dabei. Der Vater blickt ihn sorgenvoll an, weiß auch keinen Rat mehr.

Plötzlich will Bernd W. einfach nur weg. Er steht auf, doch die Eltern bitten ihn zu bleiben. Er geht zur Wohnungstüre, die Eltern gehen ihm nach, stellen sich vor die Türe, der Vater will ihn festhalten. Bernd W. fühlt sich in die Enge getrieben, die Situation erscheint ihm ausweglos. Da bricht es aus ihm heraus: „Ich gehe jetzt auf die Straße und bringe einen um!" Er reißt sich los, stürmt in die Küche, zieht lautstark eine Lade heraus und nimmt zwei große Fleischmesser heraus. Die entsetzten Eltern versuchen, sich ihm entgegenzustellen.

Vernehmungszone einer Justizanstalt

Blauer Pullunder überm gebügelten Hemd, Hornbrille, gewählte Sprache. Mein neuer Klient passt so gar nicht in diese Umgebung. Ein bislang unbescholtener Durchschnittsmensch, der jetzt dreiundzwanzig Stunden am Tag mit drei Gewalttätern in einer Zelle eingesperrt ist. Zwei von ihnen sind meine Mandanten und haben ihn an mich empfohlen.

„Ihr Vater liegt schwer verletzt im Spital. Derzeit weiß man noch nicht, ob er überleben wird. Ihre Mutter konnte bereits in häusliche Pflege entlassen werden." Er zieht die Augenbrauen hoch, als ob er meine Sätze genau analysieren würde. Später wird mir klar, dass diese Mimik typisch für ihn ist. Sie verleiht ihm etwas Skeptisches. Als ob er alles, was man ihm sagt, stets genau abwägen würde.

Wie all meine Klienten besuche ich auch Bernd W. so oft es meine Zeit zulässt. Ich lerne ihn besser kennen, und entdecke hinter seiner kühlen Fassade einen komplexen, teilweise widersprüchlichen Menschen. Bernd W. hat nie geheiratet, er lebte auch nie in längerfristigen Beziehungen und ist kinderlos. Die Eltern waren offenbar seine wichtigsten Bezugspersonen. Er hat sie unterstützt, Verantwortung übernommen, und umgekehrt haben auch sie sich sehr um ihn gesorgt. Ein Lebensgefüge, das sich über Jahre und Jahrzehnte eingeschliffen hatte. Auch auf der beruflichen Ebene verlief alles in stabilen Bahnen. Die Freizeit verbrachte er vornehmlich am Computer, vor dem er stundenlang saß.

An den Wochenenden fuhr er regelmäßig zu den Eltern zum Mittagessen. Bernd W. hat ein ruhiges, stabiles Leben geführt, in dem alles perfekt reglementiert war.

Seine Augenerkrankung wird jetzt in der Krankenabteilung der Justizanstalt behandelt, mit Schmerzstillern und leichten Psychopharmaka. Das schmerzhafte Stechen klingt allmählich ab.

Wie die meisten Klienten spricht er nicht gern über die Tat. Bei der Polizei hatte er die Aussage verweigert: „Es ist einfach passiert. Die Situation ist eskaliert. Mehr kann ich dazu nicht angeben." Doch es gehört zu meinen Aufgaben als Strafverteidigerin, ihn mit dem, was geschehen ist, zu konfrontieren. Um möglichen Motiven auf die Spur zu kommen. Und er muss lernen, darüber zu sprechen. Auch bei der Gerichtsverhandlung wird er nicht von unangenehmen Fragen verschont bleiben. Bernd W. blickt mich durch seine dünnwandige Brille an und flüstert: „Ich zermartere mir jeden Tag den Kopf, wie ich zu dieser Tat fähig war…" Ich spüre, dass er wirklich leidet. „Den Blick meines Vaters werde ich niemals vergessen", flüstert er dann.

Aus der Anklageschrift der Staatsanwaltschaft

Bernd W. hat am (…) in Wien versucht, seine Eltern Karin und Ernst W. vorsätzlich zu töten, indem er aus der Küche zwei Messer holte und mit diesen zuerst auf Ernst W., sodann auf Karin W. einstach, wodurch ersterer eine Stichwunde in der rechten Brusthälfte mit Lungenöffnung und eine Stichwunde im Bereich des rechten Jochbeins, wodurch es zum Lufteintritt ins Gehirn kam, und insgesamt akute Lebensgefahr bestand, sowie Karin W. jeweils eine Schnittwunde am rechten Oberarm, am Zeigefinger und an der linken Wange, einen Augenhöhlenbruch sowie einen vertikalen Schnitt über die gesamte Oberlippe, wodurch es zu deren Spaltung kam, erlitten, es jedoch nur beim Versuch blieb, weil beiden die Flucht aus der Wohnung gelang. Bernd W. hat hierdurch das Verbrechen des Mordes nach §§ 15, 75 StGB begangen und wird nach § 75 StGB zu bestrafen sein.

Schwurgerichtssaal

An diesem heißen Tag im August erscheinen der Ereignisse jenes kalten Februartages unwirklich fern. Doch sie werden heute, am Tag der Hauptverhandlung in der Strafsache Bernd W., penibel wieder aufgerollt werden.

Der vorsitzende Richter ist ein kleiner, etwas untersetzter Mann, dessen bisweilen galligen Humor man mögen muss. In meinem rund zwanzigjährigen Anwaltsdasein habe ich längst gelernt, mit Richtern und ihren Eigenheiten umzugehen, und so komme ich auch mit ihm gut zurecht.

Nach der Vereidigung der Geschworenen trägt die Staatsanwältin die Anklage vor. Sie ist jung und scheint entschlossen, ihre Mordanklage durchzuboxen. Ich halte in meinem Plädoyer dagegen, dass sich mein Mandant wegen der wochenlangen unerträglichen Schmerzen in einer extremen psychischen Ausnahmesituation befunden habe und nicht mehr Herr seiner Sinne war: „In dieser Tat hat sich aufgestaute Verzweiflung auf dramatische Weise entladen. Es ist auszuschließen, dass sich derartiges wiederholt, denn mein Mandant ist kein gewalttätiger Mensch. Im Gegenteil, er ist fürsorglich. Er liebt seine Eltern über alles."

Ich habe mit Bernd W. bislang nur im Vernehmungszimmer gesprochen und bin erstaunt, wie redegewandt er sich vor Publikum präsentiert. Er wirkt dabei aber ganz und gar nicht arrogant, sondern im Gegenteil bescheiden und betroffen von dem, was er angerichtet hat. Ich habe den Eindruck, dass er bei den Geschworenen ehrlich und sympathisch rüberkommt.

Es sind nur zwei Zeugen geladen. Beide wurden von der Verteidigung beantragt: Der Vater sowie eine langjährige Arbeitskollegin meines Mandanten. Die Mutter will nicht aussagen, sie hatte sich schon vor der Polizei entschlagen und hat den Vorfall bis heute nicht verkraftet.

„Er ist ein guter Sohn. Er gehört nichts ins Gefängnis, sondern in ein

Spital…" fleht der Vater den Richter an. Der lässt sich freilich nicht beeindrucken. „Wir lieben unseren Sohn. So einen guten Sohn kann man sich nur wünschen. Er hat alles für uns getan…" Die Stimme des alten Mannes klingt zusehends weinerlich. Da hält ihm der beisitzende Richter die schweren Verletzungen vor, die ihm von seinem „guten Sohn" zugefügt wurden. „Ach, das ist noch das Wenigste", erklärt der Vater mit einer wegwerfenden Handbewegung. Ich sehe, wie ein Geschworener unmerklich schmunzelt.

Auch die Arbeitskollegin weiß nur Gutes über meinen Mandanten zu berichten. Allerdings habe er sehr zurückgezogen gelebt, kaum etwas von sich und seinen familiären Verhältnissen preisgegeben. „Nie hätte ich mir gedacht, dass er zu derartigem fähig wäre. Ich hätte die Hand für ihn ins Feuer gelegt."

Nach den Zeugen ist jener Sachverständige am Wort, auf den alle gewartet haben: Der Gerichtspsychiater. Wird er Klarheit über die Hintergründe und Motive dieser Tat bringen?

„Man sollte niemals für jemanden die Hand ins Feuer legen" erklärt er am Beginn seines Vortrags mit einem Hauch von Ironie. Um den gespannt lauschenden Geschworenen dann die Persönlichkeit des Angeklagten zu beschreiben: Bernd W. sei ein wenig aggressiver und unterdurchschnittlich erregbarer Mensch, dessen Leben in reglementierten Bahnen verlaufen ist. Mit dem Jahreswechsel sei es dann aber zu einer dramatischen Gesamtveränderung gekommen. Die permanenten Schmerzen sind mit ausgeprägten Schlafstörungen einhergegangen, all das habe eine depressive Entwicklung geführt, dem Gefühl völliger Ausweglosigkeit: „Mit dem Augenschmerz hat sich das gesamte bisherige Lebensgefüge des Herrn Bernd W. aufgelöst. Er konnte nicht mehr arbeiten gehen, nicht mehr Videospiele spielen. Der innere Druck ist immer mehr angestiegen und hat sich in der gegenständlichen Tat entladen." Ob dabei auch die Idee eine Rolle gespielt habe, dass er seine Eltern nicht zurücklassen könnte, wenn er sterben würde, fragt ein Geschworener. Das sei möglich, meint der Sachverständige, aber man könne es nicht mit Sicherheit festmachen. Eines stehe aber fest: Herr Bernd W. habe sich zur Tatzeit zwar in einer Ausnahmesituation befunden, sei jedoch zurechnungsfähig gewesen und daher zur Verantwortung zu ziehen.

Die Worte des psychiatrischen Sachverständigen sind Wasser auf den Mühlen der Verteidigung, ich streiche sie in meinem Schlussplädoyer noch einmal heraus und plädiere auf Totschlag: Mein Mandant habe sich in einer heftigen Gemütserregung befunden, die in Anbetracht seiner speziellen Situation allgemein begreiflich gewesen sei: „Er ist kein Gewaltverbrecher, die Wiederholungsgefahr ist gleich Null!"

Das letzte Wort gebührt dem Angeklagten. Bernd W. dreht sich zu seinen Eltern um: „Ich möchte mich bei euch entschuldigen. Ich habe viel und lange darüber nachgedacht, was da in mich gefahren ist. Ich danke euch, dass ihr zu mir gehalten habt und weiterhin zu mir hält. Ich möchte gemeinsam mit euch versuchen, dieses Schicksal zu meistern." Nein, es wirkt nicht einstudiert. Bernd W. ist ein begabter Rhetoriker, der auch als Professor oder Politiker Karriere gemacht hätte. Wenn seine Persönlichkeit nicht so eigenbrötlerisch und introvertiert wäre.

Es ist kurz nach Mittag, als die Geschworenen sich zur Beratung zurückziehen. „Alles, was unter fünfzehn Jahren liegt, ist für mich akzeptabel", hatte mein Klient mir vor ein paar Tagen erklärt. Seine Einschätzung war nicht unrealistisch: Sollten die Geschworenen für Mord stimmen, sieht das Gesetz hierfür eine Freiheitsstrafe von zehn bis zwanzig Jahren oder lebenslang vor.

Der Prozess hatte knapp drei Stunden gedauert, umso längerer beraten die Geschworenen. Mich stört die Wartezeit nicht, denn als Strafverteidigerin bin ich es gewöhnt, unterwegs mit Laptop und Handy zu arbeiten.

Kurz nach siebzehn Uhr geht ein anonymer Anruf auf meinem Handy ein: Es ist die Gerichtsbedienstete, die mich darüber informiert, dass die Geschworenen zu einem Urteil gekommen sind. Ich eile zum Verhandlungssaal, wo mich die Gerichtsbedienstete mit der Staatsanwältin schon erwartet, um uns ins Beratungszimmer zu begleiten. Dort gibt uns der Richter das Abstimmungsergebnis bekannt: Versuchter Totschlag am Vater, schwere Körperverletzung an der Mutter. Ich bin erleichtert.

Im Anschluss daran beraten die Berufsrichter mit den Geschworenen gemeinsam über das Strafmaß. Das dauert für gewöhnlich nicht lange. Rund zwanzig Minuten später wird mein Mandant aus der Justizanstalt zur Urteilsverkündung vorgeführt. Nachdem er auf der Anklagebank Platz genommen hat, flüstere ich ihm das erfreuliche Abstimmungsergebnis der Geschworenen ins Ohr.

Bernd W. wird zu einer Freiheitsstrafe von sieben Jahren verurteilt.

Vor der Türe fällt der Vater seinem Sohn schluchzend um den Hals. Die Justizwachebeamten müssen dazwischentreten, derlei ist nicht vorgesehen. Dann wird Bernd W. abgeführt.

„Ich nehme an, dass wir die Tatwaffen vernichten können?" fragt der Richter, während er seinen Talar ablegt. „Nein, auf keinen Fall! Die Messer sind neuwertig!" ruft ihm der Vater meines Mandanten zu. „Ach Ernst, lass es doch gut sein! Wir brauchen diese Messer nicht!", raunt ihm seine Frau zu. „Doch Karin, ich will die Messer zurück. Sie waren teuer, es wäre schade darum" beharrt der Vater.

Das Phänomen des Elternmordes ist uralt und wurde schon in der griechischen Mythologie thematisiert: Orest war der Sohn des Agamemnon, der durch seine Mutter Klytaimnestra ermordet worden war. Um die Ermordung seines Vaters zu rächen, tötete Orest seine Mutter. Elternmorde sind äußerst selten und haben unterschiedlichste Ursachen. Viele jüngere Täter wurden von ihren Eltern sexuell, psychologisch oder emotional schwer missbraucht. Erwachsene Elternmörder leben oft noch mit ihren Eltern und leiden an schweren psychischen Erkrankungen. Anders die antisozialen Täter, die aus rein egoistischen Motiven töten. Und schlussendlich gibt es die erzürnten Täter, die aus einer tiefsitzenden, über Jahre aufgestauten und bis zuletzt unterdrückten inneren Wut töten. Die Rage kann sich derart hochschaukeln, dass ein unverhältnismäßig grausames „Übertöten" stattfindet. (Quelle: Kathleen Heide, Professorin für Kriminologie an der University of South Florida, zitiert in der Neuen Zürcher Zeitung vom 14.03.2021)

MUTTERSOHN

Schwurgerichtssaal

„Ich versuche immer, mich in die Menschen, die ich verteidige, hineinzuversetzen. Deshalb frage ich nach. Nach ihren Erlebnissen, ihrer Kindheit, was sie bewegt. Und dabei gibt es immer ein Detail, das hängenbleibt."

Ich blicke in die Gesichter der Geschworenen. Sie schauen mich erwartungsvoll an. Die Worte meines Eröffnungsplädoyers haben sie neugierig gemacht. „Bei Heinz B. war es diese Geschichte, die seine Mutter immer zum Besten gegeben hat. Er war erst vier Jahre alt, als er all seine Stofftiere eingepackt hatte und zur Busstation gegangen ist. Dort hat er mutterseelenalleine gewartet, bis ihn ein Erwachsener angesprochen hat. ‚Ich will ausziehen von Daheim', hat der kleine Heinz erklärt."

Vernehmungszone einer Justizanstalt

Er blickt mich mit seinen warmen, braunen Augen treuherzig an. „Ihr Bruder hat mich mit Ihrer Verteidigung beauftragt", erkläre ich ihm freundlich. „Das hätte ich mir gar nicht erwartet vom Herrn Doktor…" Jetzt lächeln seine Augen. Mehr erkenne ich von seinem Gesicht nicht, denn es ist Corona-Zeit und er trägt einen Mund-Nasenschutz. Handgenäht, aus weißem Baumwollstoff, wie im Gefängnis üblich. Ich erkläre ihm, wie es jetzt weitergeht. „Beim Delikt des Mordes wird die Untersuchungshaft obligatorisch verhängt. In zwei Wochen wird es eine Haftprüfungsverhandlung geben, wo alles nochmals geprüft wird." Er stellt nicht viele Fragen, er scheint keine zu haben. Er blickt freundlich, wirkt gelöst, beinahe zufrieden. Wie einer, der seinen Frieden gefunden hat.

Fünfzig Jahre zuvor in einer oberösterreichischen Kleinstadt

„Das hab ich extra für uns gekocht. Und Du wirst es aufessen bis dass der Teller leer ist. Ratzeputz!" Allein das Wort löst beim ihm heute noch Brechreiz aus: Das „Beuschel", ein Gericht aus den Eingeweiden des geschlachteten Tieres, zählt zur österreichischen Hausmannskost. Heinz war ein Knirps von sieben, vielleicht acht Jahren, als seine Mutter ihn dazu zwang, den Teller leer zu essen. Er erbrach. Und musste dann auch das Erbrochene aufessen.

Vernehmungszone einer Justizanstalt

Ich habe meinen Mandanten gebeten, die Erlebnisse seiner Kindheit zu Papier zu bringen. „Ich weiß nicht, ob ich das schaffe…" erklärt er mir. Wie so oft mit lächelndem Blick, doch ich sehe darin auch Skepsis, fast ein wenig Verzweiflung. Ich weiß, dass es für ihn nicht leicht ist, sich seiner Vergangenheit zu stellen.

„Sie erinnern sich sicher noch an den Teppichpracker", fängt er zu erzählen an. „Der durfte in keinem Haushalt fehlen. Mit dem hat sie mich und meinen Bruder geschlagen. Ich bekam die meisten Schläge ab, weil ich der Ältere war. Und nicht so gut funktioniert habe. Ich war ein schwacher Schüler, hab viel Blödsinn getrieben. Ich war als Kind sehr aufgeweckt, hat es später geheißen. Ein Zappel-Philipp bei Tisch, und unkonzentriert beim Lernen. ‚Du wirst noch im Gefängnis landen', hat meine Mutter mir öfters prophezeit." „Und Ihr Vater?", frage ich ihn. „Mein Vater war um vieles älter als meine Mutter. Vielleicht lag es daran, dass er jahrelang in russischer Kriegsgefangenschaft gewesen war, und wohl eine Schramme davongetragen hat. Er war ein stiller, in sich gekehrter Mensch gewesen. Wenn er nervös war, haben seine Hände stark gezittert. Und doch ist auch er nicht von ihren Prügeln verschont geblieben.

Vierzig Jahre zuvor in einer oberösterreichischen Kleinstadt

Der Lärm des zerschellenden Porzellans ist ohrenbetäubend. Sie stürzt sich auf den alten Mann, schreit ihn an: „Du Trottel, Du Idiot!" Heinz weiß nicht, wie es passiert ist. Irgendwie war sein Vater am Tischtuch hängengeblieben, es war heruntergerutscht und mit ihm der große, volle Suppentopf. Sie prügelt auf ihn ein, auf den Kopf, in den Bauch. Er geht zu Boden, sie tritt weiter auf ihn ein. Ihr Gesicht ist zu einer einzigen bösen Fratze verzerrt.

Heinz kann nicht länger zuschauen. Er stürzt sich auf seine Mutter und schreit sie an: „Hör sofort auf, meinen Vater zu schlagen. Sonst bekommst du es mit mir zu tun!" Er ist jetzt sechzehn. Seine Mutter prügelt ihn nicht mehr. Sie weiß, dass er stark genug wäre, um sich zur Wehr zu setzen. Dafür ruft sie jetzt die Polizei. Die Beamten nehmen den Sachverhalt auf, freilich aus der Sicht der Mutter. „Gefährliche Drohung und versuchte Körperverletzung" lautet die Anzeige gegen Heinz B. Das Strafverfahren endet mit einer Verwarnung vor dem Jugendgericht.

Vernehmungszone einer Justizanstalt

„Wie geht's der Sissi?" Ich hatte ihm von meiner kranken Katze erzählt. Seitdem fragt er regelmäßig nach ihr. „Ich habe selbst zwei Katzen gehabt. Ich habe sie geliebt. Nach der Scheidung sind sie bei meiner Frau geblieben." Er war kurz verheiratet gewesen, vor vielen Jahren. Die Ehe blieb kinderlos, die Scheidung war schmerzlos und einvernehmlich. Doch er hat zu trinken begonnen, immer mehr. Zuletzt acht bis zehn Bier täglich. „Dann war mir leichter", erklärt er mir mit seinen treuherzig lächelnden Augen.

Eine Lösung war es nicht. „Wegen der Trinkerei ist mir dann der Führerschein entzogen worden. Und dann war halt der Job weg." Das war im Vorjahr. Heinz B. war jetzt Ende fünfzig, die Perspektive auf einen neuen Job gleich Null.

„Immer, wenn wir uns gesehen haben, hat sie mir Vorhaltungen gemacht. Schau Dir deinen Bruder an, was der erreicht hat! Für meine Mutter zählten nur Akademiker, und Beamte in besserer Position. Sie war Beamtin bei der Bezirkshauptmannschaft und hat immer großen Wert auf ihren Amtstitel gelegt. Auf meinen Vater hat sie herabgeblickt, denn er war nur ein kleiner Postler."

„Sie hatten sich gewundert, dass Ihr Bruder mich engagiert hat. Wie war denn Ihr Verhältnis zu ihm?" frage ich meinen Mandanten. „Unsere Lebenswege konnten unterschiedlicher nicht sein. Mein Bruder hat studiert und ist Arzt geworden. Meine Mutter war furchtbar stolz auf ihn. Ich habe mit Ach und Krach die Matura geschafft, und mich dann in verschiedenen Jobs versucht. Nach meiner Scheidung bin ich LKW-Chauffeur geworden. Eine Arbeit, die mir sehr gefallen hat. Die weiten Reisen, auch ins Ausland. Die Einsamkeit nächtlicher Fahrten hat mir gutgetan. Ich hab mich frei gefühlt. Doch das lange Sitzen hat meiner Wirbelsäule zugesetzt. Ich habe kündigen müssen, und bin Buschauffeur geworden. Da waren die Fahrten kürzer. Dafür ist das mit der Trinkerei schlimmer geworden…"

„Aber Ihr Bruder hat Ihnen doch geholfen?" setze ich nach. „Na ja, so kann man das nicht sagen. Er hat gewusst, dass ich ein geschickter Handwerker bin. Als ich arbeitslos geworden bin, hat er mir vorgeschlagen, aufs Land zu ziehen und an seinem Vierkanthof zu arbeiten. Er hatte ihn kürzlich als Landsitz erworben, und da gab es natürlich einiges zu sanieren. Ich bin seiner Einladung gerne nachgekommen. Und hab mich gefreut, als die Mutter nachgekommen ist. Es war einfach praktisch für uns alle: Der Hof wurde hergerichtet, die Mutter hat wieder eine Aufgabe gehabt, und ich eine tägliche Mahlzeit und jemanden, der sich um meine Wäsche kümmert." Ich frage ihn, ob er denn nicht befürchtet hätte, dass es schiefgeht mit der Mutter. „Nein", erklärt er mir mit ernstem Blick. „Diese alten Streitereien hatte ich vergessen und verdrängt. Wissen Sie, ich habe meine Mutter geliebt. Es hat auch viele schöne Momente mit ihr gegeben. Der Mensch erinnert sich ja immer nur an das Gute..."

Ein bäuerliches Anwesen

Der blaue Himmel an diesem Morgen im Juni verspricht einen perfekten Sommertag. Ich bin schon um sechs losgefahren, um pünktlich einzutreffen. Heute findet die Tatrekonstruktion in der Strafsache Heinz B. statt.

Das Anwesen liegt auf einer Anhöhe am Ende einer Zufahrtsstraße. Absolute Ruhelage, traumhafter Blick auf eine sanfte, weitläufige Landschaft. Der graue Wagen der Justizwache steht schon vor der Eingangstüre.

Ich parke mein Auto auf der gegenüberliegenden Seite und steige aus. Der Vierkanthof muss wohl schon ein paar Jahrhunderte alt sein. Der Bruder meines Mandanten hat ihn gekauft und als Landsitz geschmackvoll generalsaniert. Die Lehmfassade ist naturbelassen und in frischem Weiß getüncht, die Balken bei den kleinen Kastenfenstern dunkelbraun gestrichen. Im Vorgarten blühen bunte Frühlingsblumen.

Dieser wunderschöne Ort hat zwei Menschen zusammengeführt, deren Schicksale auf unheilvolle Art und Weise ineinander verstrickt waren.

„Es war meine Schuld. Sie hatte mich zum Baumarkt geschickt, damit ich einen Bohrhammer besorge. Ich bin auf der Tankstelle stehen geblieben, um ein Bier zu trinken. Daraus wurden mehrere Dosen…" Mein Mandant blickt verschämt zu Boden. „Erzählen Sie weiter", wird er von der Richterin aufgefordert. „Irgendwann bin ich dann heimgekommen. Sie hat schon auf mich gewartet und sofort zu Schreien begonnen. Hat mir wieder einmal vorgehalten, dass ich ein Versager sei, ein Nichtsnutz, ein Säufer, und arbeitsscheu… Das hat mich alles so aufgeregt. Ich habe zurückgeschrien. Ich war außer mir…" „Wie lange hat dieser Streit gedauert?" fragt die Richterin nach. „Vielleicht zwanzig Minuten, vielleicht auch weniger. Es tut mir leid, ich habe dazu kein Zeitgefühl. Ich habe vieles verdrängt. Das einzige, was ich noch vor mir sehe, als ob es gestern gewesen wäre: Ihr wutverzerrtes Gesicht. Es war ganz rot und aufgedunsen, als ob es gleich platzen würde…"

Schweigen. Ich lasse den Raum auf mich wirken. Die Wände sind in warmen Ocker gehalten, am oberen Rand finden sich kunstvoll gestaltete, bunte Ornamente mit ländlichen Motiven. Im Herrgottswinkel hängt eine große, holzgeschnitzte Christus-Figur. Der ovale Tisch ist riesig und aus schwerem, dunkel gebeizten Holz. Das Prachtstück dieser Küche ist der Kachelofen. Er ist in zartem Blau gehalten, die Scharniere und Türchen sind aus massivem Messing. Alles an dieser Bauernküche wirkt überladen, und doch in sich stimmig.

Plötzlich packt er sie von hinten am Hals. Diesmal ist es nicht die Mutter, sondern eine Polizistin der Tatortgruppe im weißen Schutzanzug. An ihr zeigt Heinz B. vor, wie er seinem Opfer die Kehle durchtrennt hat. Mit dem größten Fleischermesser, das er in der Küchenlade finden hat können. Die Attrappe sieht der Mordwaffe täuschend ähnlich. Mein Mandant ist auffallend kooperativ, fast hat es den Anschein, dass er eine große Last loswerden will. „Heinz, lass mich leben, hat sie noch gesagt. Dann hat sie zu röcheln begonnen. Irgendwann war es vorbei.

Ich habe ein Bier geöffnet. Und die Stille genossen."

Aus dem gerichtsmedizinischen Gutachten

Die 80 Jahre alt gewordene Frau B. verstarb infolge Verblutens bei Schnittverletzungen rechtsseitig am Hals. Es handelt sich um einen nicht natürlichen Tod. Hauptbefundlich fanden sich eine Durchtrennung des rechten Kopfwendemuskels sowie der rechten Drosselvene mit Ein- und Umblutung des Fettgewebsläppchens und der Muskulatur. Die kratzerartigen Ausläufer sprechen dafür, dass das Messer mehrfach angesetzt wurde. Der Tatverdächtige hat angegeben, dass das Messer während des Angriffs am Hals abgebrochen sei. Passend dazu fand sich eine Kerbenbildung zwischen vierten und fünften Halswirbel. Ursächlich hiefür ist die Hebelwirkung des Messers.

***

Er öffnet die Türe und tritt ins Freie. Die kühle Nachtluft tut ihm gut. Der Wald ist tiefschwarz, hier gibt es keine Straßenbeleuchtung. Er hebt den Blick hinauf zum sternenklaren Firmament. Er hatte längst vergessen, wie prächtig und zahllos die Sterne fernab der Großstadt funkeln. Er glaubt den Großen Wagen zu erkennen, und der hell leuchtende Stern muss der Polarstern sein. Auf einmal fühlt er sich wie der sechsjährige, staunende Bub, dem der Vater die Sternenbilder erklärt hat. Ein Schrei. Im Gesicht des Vaters spiegelt sich Angst wider. „Wir müssen hinein, die Mutter ruft…" Plötzlich erscheint ihr Gesicht vor ihm. Es ist zu einer einzigen Fratze aus Angst und Wut verzerrt, und voller Blut. Ist sie tot? Habe ich es wirklich getan? Alles wirkt irreal, Raum und Zeit scheinen ineinander zu fließen.

***

„Wieso haben Sie nicht die Polizei verständigt?" Die strengen Worte der Richterin holen ihn in die Realität der Tatrekonstruktion zurück. „Es klingt vielleicht blöd. Ich wollte mit ihr alleine sein. Um abschließen zu können."

Heinz B. hat auch am folgenden Tag niemanden verständigt. Nachdem er vergeblich versucht hatte, sich die Pulsadern aufzuschneiden, ist er im Haus geblieben. Hat getrunken, geraucht, neben seiner toten Mutter Kreuzworträtsel gelöst. Nach zwei Tagen hat die Nachbarin angeläutet, weil sie sich Sorgen gemacht hat. „Bleiben Sie lieber draußen, das wollen Sie nicht sehen", hat er ihr gesagt.

Die von der Nachbarin verständigten Polizeibeamten des örtlichen Postens waren sofort vor Ort. Die Leiche lag in der Küche in einer riesigen, schwärzlich vertrockneten Blutlache.

Aus dem gerichtspsychiatrischen Gutachten[1]

Aus diesem „Nichts" heraus ist es zu einer schwerwiegenden Eskalation eines Streits mit verbalen Attacken gekommen, im Zuge dessen Herr B. seine Mutter getötet hat. (…) Er kann auch seinen Tatablauf sehr genau schildern, wonach ihm das böse Gesicht seiner Mutter Schlüsselreiz war und er sich gedacht hat, dass er die Welt von ihr befreien muss. (…) Man kann davon ausgehen, dass der Alkoholkonsum tagsüber sicherlich dazu beigetragen hat, dass die Hemmschwelle bei Herrn B. herabgesetzt war. Man darf auch davon ausgehen, dass aus psychodynamischer Sicht hier eine ‚alte Rechnung' ein für alle Mal beglichen wurde.

---

[1] *erstellt von Univ. Doz. Dr. Peter Hofmann*

Schwurgerichtssaal

Er trägt eine dunkelblaue Anzugsjacke zum weißen Hemd, keine Krawatte und Jeans. Er wirkt entspannt. Viel zu entspannt für einen Angeklagten in einem Mordprozess.

Er bekennt sich schuldig, seine Mutter getötet zu haben. Nein, es sei nicht einfach mit ihr gewesen. Irgendwann habe er den Gedanken gehabt, dass es besser wäre, wenn es sie nicht mehr gäbe. Der Staatsanwalt fragt mehrmals nach, ob er denn schon früher Mordgedanken gegen seiner Mutter gehegt hätte. Der Angeklagte schüttelt den Kopf: „Wissen Sie Herr Staatsanwalt, meine Mutter hat auch ihr guten Seiten gehabt. Es hat auch schöne Momente gegeben..."

Die als Zeugen vorgeladenen Nachbarn können nichts Schlechtes über ihn berichten. Hilfsbereit sei er gewesen, habe immer freundlich gegrüßt, auch die Mutter sei „eine nette Frau" gewesen. Mehr wissen sie über die Bewohner des generalsanierten Bauernhofes freilich nicht zu berichten.

Angehörige des Opfers haben die Möglichkeit, sich einem Verfahren als Privatbeteiligte anzuschließen, wenn sie selber zu Schaden gekommen sind. Bei Tötungsdelikten geht es dabei hauptsächlich um Begräbniskosten und Trauergeld. Am Schluss des Verfahrens erfährt Heinz B., dass sein Bruder von dieser Möglichkeit Gebrauch gemacht hat. Er fordert eintausend Euro. Es ist für die Reinigung des Hauses. Vor allem der Fußboden war durch das eingetrocknete Blut stark in Mitleidenschaft gezogen worden. Nachdem ich meinen Mandanten über die Rechtslage aufgeklärt habe, anerkennt er den Anspruch.

„Werden noch Anträge gestellt?" fragt die vorsitzende Richterin, nachdem sie mit ihrem Prozessprogramm fertig ist. Der Staatsanwalt verneint, und auch von Seiten der Verteidigung gibt es nichts, das man noch erheben müsste.

Die drei Berufsrichter ziehen sich kurz zurück, um den Fragenkatalog an die Geschworenen auszuarbeiten. Nach dem österreichischen Geschworenensystem liegt es ausschließlich an ihnen, über die Frage der Schuld zu urteilen. Erst danach werden sie gemeinsam mit den Berufsrichtern über die Höhe der Strafe entscheiden. Nach wenigen Minuten erscheinen die Richter wieder am Podium. Die Vorsitzende verliest die von den Geschworenen zu beantwortenden Fragen. Die Hauptfrage lautet auf Mord, die nur für den Fall der Verneinung dieser Hauptfrage zu beantwortende Eventualfrage auf Totschlag: Hat sich der Angeklagte in einer allgemein begreiflichen Gemütserregung dazu hinreißen lassen, seine Mutter zu töten? Während die Richterin vorliest, blicke ich wieder in die Gesichter der Geschworen. Ihre Mienen wirken ausdruckslos, fast schon gelangweilt. Sie haben heute keine einzige Frage gestellt. Ein schlechtes Zeichen für die Verteidigung. Sodann schließt die Vorsitzende das Verfahren, und die Geschworenen ziehen sich zur Urteilsberatung in einen kleinen Nebenraum zurück.

***

Ich hole mir Kaffee im Pappbecher und nehme auf einer Bank im Flur Platz. Das Buffet hat aufgrund der strengen Corona-Auflagen geschlossen.

„Ihr Schlussplädoyer hat alle mitgerissen", sagt mir einer der Kriminalbeamten, die der Verhandlung beigewohnt haben. Natürlich freut mich sein Lob über meine aus dem Stehgreif gehaltene Rede. Ich war selber mitgerissen gewesen, von meiner Überzeugung, dass mein Mandant die Tat in einem Gefühlssturm begangen hat. Dass die bösen Worte der Mutter einen Damm gebrochen haben, dass jahrzehntelang Aufgestautes gleich einem Tsunami hervorgebrochen ist.

Doch ich habe gespürt, dass die Laienrichter meine Worte nicht hören wollen. Einem von ihnen, er saß mir genau gegenüber, habe ich während meiner Rede direkt ins Gesicht geblickt. Er hat sich schnell weggedreht.

„Fortsetzung der Strafsache gegen Heinz B." ertönt es aus den Lautsprechern. Die Geschworenen sind zu ihrem Urteil gekommen.

***

Es war Mord. Das haben sie im Stimmenverhältnis Acht zu Null entschieden. Die Strafe fällt mit siebzehn Jahren vergleichsweise moderat aus. Ich erbitte für meinen Mandanten Bedenkzeit, doch er hat mir schon eröffnet, dass er das Urteil annehmen will.

Der Staatsanwalt gibt ebenfalls keine Erklärung ab.

Zwei Tage später, es ist Samstag, ruft mich die Vorsitzende überraschend am Handy an. Sie habe soeben erfahren, dass der junge Staatsanwalt positiv auf Corona getestet worden wäre und sie mich daher informieren müsste: „Sie waren ihm während der ganzen Verhandlung am nächsten!"

In der folgenden Woche lasse ich mich pflichtgemäß testen und erfahre, dass ich negativ bin. Und: Das Urteil ist rechtskräftig, der Staatsanwalt hat ebenfalls von einer Berufung abgesehen.

Vernehmungszone einer Justizanstalt

„Für mich ist die Strafe in Ordnung. Ich habe einen Menschen getötet", erklärt mir Heinz B., als ich ihn in der folgenden Woche besuche. „Aber könnte Sie mir eine Bitte erfüllen? Ich hätte gerne ein Foto von Ihrer Sissi." Ich verspreche es ihm. „Wissen Sie, das sind die Sachen, die wehtun. Ich werde jetzt nie wieder eine Katze haben…"

„Oxytocin heißt das Hormon, das die Bindungsfähigkeit der Mutter zu ihrem Kind bewirkt. Beim ersten Stillen nach der Geburt wird dieses Hormon bei Frauen vermehrt ausgeschüttet, sodass auf natürliche Weise eine enge Bindung aufgebaut wird. Ja, man könnte fast sagen: eine Bindungssucht, die zugleich die Hemmschwelle gegen die Kindstötung aufbaut. Bei Frauen, die die Schwangerschaft dissoziativ erleben, also von sich abgespalten und das Kind als Fremdkörper wahrnehmen, fehlt diese Bindung, und dann kann eine Dynamik entstehen, die zu Tötung führt. (...) Das Leben der Depressiven ist für sie unerträglich geworden. Sie wünscht sich den Tod und will auch ihr Kind vor der schrecklichen Zukunft erlösen. Der Mutter erscheint die Tat innerhalb ihres Wahnsinns als absolut sinnvoll, normal und gerechtfertigt." [1]

ANGST

Endlich ist sie eingeschlafen. Behutsam legt sie das Buch zur Seite und deckt sie zu. Wie perfekt sie ist. Lange, dunkle Wimpern. Unfassbar feine, zart gebräunte Haut. Sie streicht über ihre dichten, schwarzen Locken und flüstert: „Gute Nacht, meine Prinzessin", bevor sie die Nachttischlampe ausknipst und das Kinderzimmer verlässt.

***

Eigentlich hatte sie nie Kinder haben wollen. Hatte studieren wollen, einen Beruf erlernen, Karriere machen. So wie ihr Vater. Ein Richter, vor dem alle Respekt hatten. Ihm hatte sie sich beweisen wollen, doch er war stets kühl geblieben. Sie war eine eher mittelmäßige Schülerin gewesen. Umso mehr hatte es sie gefreut, als die Kunst-Professorin ihr Acrylgemälde überschwänglich lobte: „Du hast großes Talent, Saira!" Zuhause hatte der Vater nur kurz von seiner Zeitung aufgeschaut, um dann trocken zu bemerken: „So bunte Farben, das schmerzt meine Augen!" Er hatte schon immer ihre Brüder bevorzugt, davon war sie

---

[1] *aus einem Interview mit den forensischen Psychiater Karl Kreutzberg in der Frankfurter Allgemeinen Zeitung, 07.12.2007*

überzeugt. Weil sie „nur ein Mädchen" war. Das nicht in sein Weltbild passte, weil es trotzig war. Freche Antworten gab, wilde Spiele mochte. In ihrer Heimat sollten Frauen sanft sein, und ihre Rolle war klar definiert: Hausfrau, Mutter, sich dem Willen des Ehemannes unterordnend.

***

Eigentlich war alles viel zu schnell gegangen. Sie war noch keine Zwanzig und hatte noch viel vorgehabt. Ihr Lehramtsstudium abschließen. Die Welt entdecken, Freunde kennenlernen. Einfach nur jung sein. Doch in Indien heiratet eine Frau früh. Um Kinder zu bekommen, denn die fruchtbaren Jahre gehen schnell vorbei.

***

Eigentlich hatte sie ihn nie geliebt. Er war fünfzehn Jahre älter als sie, sein Aussehen sprach sie nicht an. Hageres, strenges Gesicht, unförmige, zu groß geratene Hände. Doch in ihrer Heimat ist es die Familie, die über die Lebensplanung der Kinder entscheidet. Ehen werden arrangiert. Man heiratet nicht aus Liebe, denn „das ist romantischer Unfug", wie ihr Vater ihr erklärt hatte. Navin stammte aus wohlhabender Familie, hatte in Europa Medizin studiert und arbeitete als Arzt in einem Wiener Spital. Er war in seine Heimat gereist, um sich seine Frau zu holen. Saira fügte sich der Tradition und versuchte sich einzureden, dass sie sich auf das geordnete Leben als Ehefrau in Europa freut. Und dass sie ihren künftigen Ehemann wirklich liebt. Oder dass sich das dann ergeben würde, irgendwie und irgendwann. Wenn einmal Kinder da wären.

***

„Navin ist vernünftig. Er wird gut auf dich schauen!" hatte ihr Vater bei der Hochzeitsfeier erklärt. Der Satz hatte sie wie ein giftiger Pfeil getroffen. Wie in einer Falle hatte sie sich gefühlt. Ohne Ausweg. Morgen würde sie mit ihrem Ehemann nach Wien fliegen. Um dort ein geordnetes, vernünftiges Leben zu beginnen. Eines wie das ihrer Mutter. Eines, das sie eigentlich nie haben hatte wollen.

***

„Vorsichtig, sonst beißt sie dich…" Behutsam führt sie die Hand ihrer kleinen Tochter zum Maschendrahtzaun, und schon schnappt das Maul der Zwergziege nach dem Grasbüschel. Amba erschrickt, um dann in fröhliches Glucksen auszubrechen. Saira lacht, bis ihre Augen tränen. Für einen Moment sind sie beide Kinder, unbekümmert und frei in einer großen, bunten Welt. Es ist das größte Glück, die Welt mit den Augen der eigenen Kinder neu entdecken zu dürfen.

***

Amba ist fünf, als sie ein Schwesterchen bekommt. Saira hält zärtlich ihr Neugeborenes in den Armen. „Was sagst du zum Namen Ajala?" fragt sie und blickt glücklich in das Gesicht ihres Mannes. Ist da wirklich Enttäuschung herauszulesen? Sie weiß, dass er sich einen „Stammhalter" gewünscht hat, und er tut ihr leid. Zärtlich streichelt sie seine Wange und flüstert: „Das nächste Mal wird es ein Bub…" Er lächelt gequält. Saira verspürt plötzlich eine tiefe Müdigkeit. Mit den Worten „Ich muss jetzt schlafen, bis morgen" bittet sie ihn aus dem Krankenzimmer.

***

Die Facebook-Gruppe „Ich bin eine stolze Mama" hat inzwischen tausende Mitglieder. Saira postet Bilder und Videos aus ihrem Leben mit ihren drei Sprösslingen. Täglich, fast rund um die Uhr: Amba hilft der Mama beim Spaghetti-Kochen. Ajala und Amal treiben Unfug mit der Ketchup-Flasche. Die Mama blickt theatralisch in die Kamera und zeigt auf den riesigen roten Fleck auf ihrem weißen T-Shirt.

***

„Du hast doch alles, was eine Frau sich wünschen kann. Einen guten Mann. Drei gesunde Kinder. Du solltest dich glücklich schätzen. Sei nicht so undankbar!" Die wohlgemeinten Ratschläge ihrer Mutter, sie kann sie nicht mehr hören. Die zynischen Bemerkungen ihres Vaters, der schon immer gewusst hatte, dass sie „mit dem Leben überfordert" ist. Die Vorhaltungen ihres Ehemannes. Und manchmal auch: Das Quengeln ihrer Kinder.

Wie recht sie doch alle hatten. Sie sollte sich wirklich glücklich schätzen. Nach drei Abtreibungen in ihrer Heimat hatte sie ihrem Mann endlich den ersehnten „Stammhalter" geboren.

***

Sie ist die einzige, die sie zu verstehen scheint. Wenn die große Leere über sie kommt, rollt sie sich auf der breiten Wohnzimmercouch zusammen und wählt ihre Nummer. Während die Kinder miteinander spielen, kann Vicky ihr stundenlang zuhören. Ihr Mut zusprechen, und sie auf den Boden der Realität herunterbringen. Das Leben von Vicky ist ganz anderes als das ihre. Die gebürtige Wienerin hat eine kleine Tochter, aber keinen Partner. Und sie studiert, Psychologie.

Sie ist die erste, die ihr dazu rät: „Saira, du solltest Hilfe in Anspruch nehmen. Geh doch endlich zu einem Psychotherapeuten!" Saira wirft den Kopf zurück und lacht: „Aber nein, ich hab ja dich! Mach lieber dein Cabrio startbereit. Fahren wir doch am Wochenende wieder an den See!"

***

Videosequenz aus der Facebook-Gruppe: Eine fröhliche Fahrt im Cabrio. Eine blonde junge Frau sitzt am Steuer. Kinderlachen. Sairas glückliches Gesicht erscheint in Großaufnahme, dann kommt eine kleine Kinderhand ins Bild und bedeckt ihren lachenden Mund. Ankunft am Badesee. Eine Decke wird auf der Wiese ausgebreitet, ein Picknick-Korb aufgestellt. Enten watscheln heran. Die Kinder füttern sie mit mitgebrachtem Gebäck.

***

Die Leere in ihr hat sich verändert. Es schwingt jetzt noch etwas Anderes mit. Saira braucht lange, um es zu begreifen: Es ist Angst. Jene
Angst, die schon immer in ihr gewesen war. Damals, als Kind, als sie
Angst vor der Schule hatte. Vor den lauten Mitschülern. Vor den Klas-
senzimmern mit ihrer strengen Ordnung. Vor den Lehrern und ihrer
unnahbaren Autorität. Später hat sie die Angst verdrängt, im Trubel
der Jugendjahre vergessen und überwunden geglaubt.

Doch jetzt, da sie angekommen ist, eingebettet in ihrer kleinen Familie,
da taucht sie unvermutet wieder auf. Zuerst bleibt sie diffus. Gleich
Nebelschwaden, die sich schnell verflüchtigten, durch Ablenkung und
die Gespräche mit Vicky. Doch dann beginnt sich die Angst zu ver-
dichten. Wird zu einem ganz eigenständigen, wundersamen Geschöpf.
Es lässt sich nicht mehr verscheuchen, auch die Gespräche und die Ablenkung des Alltags nützen nichts mehr. Das Geschöpf namens Angst
ist immer da. Es wird immer stärker, verlangt ihre ganze Aufmerksamkeit. Zwingt ihr seinen Willen auf, bestimmt ihr Leben. Langsam aber
sicher droht das Geschöpf, sie ganz und gar zu verschlingen.

***

*Videosequenz aus der Facebook-Gruppe: Bunte Lichter, Luftballons, zwischen
denen Kinder toben. Die Kamera schwenkt zur großen Torte, auf der Kerzen brennen. Das Gesicht von Amba. Sie holt Luft, bläst die Kerzen aus, alle auf einmal.
Lachen, Klatschen, wackelige bunte Bilder.*

***

Die Indizien. Sie entgehen ihr nicht: Das späte Heimkommen, angeblich wegen der Überstunden. Das Handy, das er früher achtlos herumliegen hat lassen. Jetzt hütet er es wie seinen Augapfel. Doch eines Morgens liegt es am Küchentisch, während er kurz im Bad ist. „Vera" steht am Display, als es läutet. Er stürzt herein, ergreift das Telefon und flüstert irgendetwas Unverständliches in den Hörer.

Ein paar Tage später fasst sie allen ihren Mut zusammen. Es ist früher Abend, die Kinder sitzen brav vor dem Fernseher. Amba ist schon neun, sie kann sich auf sie verlassen, dass sie auf die Kleineren schaut. Saira verlässt das Haus und geht langsam zur Straßenbahnstation. Wenige Minuten sitzt sie im Waggon. Sie ist ein bisschen nervös. Was erwartet sie? Wird sie ihm auf die Schliche kommen? An der Station „Klinik" steigt sie aus. Sie spaziert den Gehsteig entlang, bleibt dann an einer Ecke stehen. Das von kaltem weißen Licht beleuchtete Eingangstor hebt sich mächtig von der düsteren Umgebung ab. Sie blickt auf ihre Uhr. Es ist kurz nach acht. Plötzlich öffnet sich das Tor, Navin tritt heraus. Lachend, den Rucksack lässig an der Schulter baumelnd. So kennt sie ihn gar nicht. Neben ihm eine junge Frau. Zart, blonde Locken, Mini-Rock zu hohen Stiefeln. Er umarmt sie, und dann küssen sie sich innig.

Sie weiß nicht mehr, wie sie nach Hause gekommen ist. Erinnert sich nur an splitterndes Glas. Ihre blutigen Hände. Navins überraschte, weit aufgerissene Augen. Die Polizeibeamten, die ihm den Wohnungsschlüssel abnehmen und ihn aus der Wohnung weisen. Über Navin S. wird ein behördliches Betretungsverbot ausgesprochen. Er muss sich der Ehewohnung zwei Wochen lang fernhalten.

***

Es ist Vicky, die die Versöhnung einfädelt. „Navin ist nicht so einer. Vera ist eine Arbeitskollegin. Da ist nichts zwischen denen!" Navin darf wieder einziehen. Obwohl Saira immer noch tief in ihrem Inneren davon überzeugt ist, dass es mehr als ein freundschaftlicher Kuss auf die Wange war.

***

„Das ist für dich!" Amba hält ihr den rot bemalten Stein entgegen. Er ist rund und hat schwarze Tupfen. Saira nimmt ihn in die Hand und lächelt ihre Tochter an: „Ein Marienkäfer! Er ist wunderschön!" Amba hat ihr künstlerisches Talent geerbt, und das sollte sie stolz machen. Sie drückt ihr kleines Mädchen an ihre Brust und verspürt Wehmut. Schmerz. Und Angst.

***

„Saira, langsam reicht's. Du brauchst eine Psychotherapie!" Schon wieder hat er das Thema aufs Tapet gebracht. „Vergiss es!" schreit sie ihn an. Ihre Stimme bebt vor Zorn, die Augen flackern böse. Sie weiß längst, dass es nur ein raffinierter Trick von ihm ist. Ihre Ehe ist längst kaputt, und er will ihr die Kinder wegnehmen. Ihre Mutter ist psychisch krank, würde er dem Pflegschaftsgericht weismachen. Nein, nicht mit ihr!

Aus dem Protokoll der Aussage des Zeugen Navin S. beim Landeskriminalamt Wien

Es ist immer schlimmer geworden mit der Eifersucht meiner Frau. Sie hat einen richtigen Verfolgungswahn entwickelt. An einem Sonntag vor drei Wochen kam es zu einem Vorfall, der mich sehr erschüttert hat. Es war am späten Vormittag, gegen zehn Uhr. Ich bin mit den Kindern beim Frühstückstisch in unserer Wohnküche gesessen. Meine Frau war noch im Schlafzimmer. Plötzlich ist sie in den Raum gestürzt. Sie hat mich am Hemd gepackt und geschrien: Gib es endlich zu, dass du mich betrügst! Du willst mich loswerden! Du willst mir meine Kleinen wegnehmen! Dabei hat sie so fest an meinem Hemd gezerrt, dass es zerrissen ist. Sie hat eine ungeheuerliche Kraft entwickelt. Fast unmenschlich. Es ist mir nur mit großer Mühe gelungen, sie von mir abzubringen. Dann ist sie weinend hinauf ins Schlafzimmer gelaufen und hat sich dort verbarrikadiert.

***

Es ist irgendwann in der Nacht. Sie kauert auf der Wohnzimmercouch, das Handy fest umklammert. Doch es gibt niemanden, den sie anrufen könnte. Mit Vicky hat sie sich seit Monaten überworfen. Weil sie, davon ist sie überzeugt, mit ihrem Mann unter einer Decke steckt. Sie starrt auf den Plafond. An Schlaf ist nicht zu denken. Navins Worte hallen in ihrem Kopf. „Ich lasse mich scheiden. Du gehst nach Indien zurück. Die Kinder bleiben bei mir. Du bist eine unfähige Mutter." Dann ist er gegangen. Wahrscheinlich zu seiner Freundin Vera. Oder hat er gar eine Affäre mit Vicky begonnen? Ist doch egal. Damals, als junges Mädchen, hatte sie gehofft, dass die Liebe mit der Zeit kommen würde. Eine Hoffnung, die längst zerbrochen ist. Wie so viele Träume ihres Lebens. Sie zieht an ihrer Zigarette, bläst den Rauch langsam in den in schummriges Licht gehüllten Raum. Mit Navin ist sie fertig, und es fühlt sich gut an.

Aber die Kinder. Sie sind es, denen sie ihr ganzes Sein widmet. Denen ihre ganze Liebe gilt. Und die Angst. Er wird sie verlassen, und ihr die Kinder wegnehmen.

Sie hat ihre Musik aufgelegt. Sanfte Klänge aus ihrer Heimat. Sie dämpft die Zigarette aus, steht auf und beginnt zu tanzen. Sie bewegt sich langsam, fast lasziv. Streicht über ihren schlanken Körper, also ob sie sich selbst umarmen möchte. Dann nimmt sie einen Polster aus roter Seide von der Couch und schmiegt darin ihr Gesicht, wie nach Geborgenheit suchend.

Sie tänzelt zum Flur hinaus, hinauf in den ersten Stock. Vor einem der Kinderzimmer bleibt sie stehen. Sie öffnet leise die Türe und betritt den durch den blauen Schein des Nachtlichts schwach ausgeleuchteten Raum. Die vierjährige Ajala und der zweijährige Amal liegen schlafend in ihren Gitterbettchen. Sie verspürt unendliche Trauer. Diese Kinder haben keine Zukunft. Ihr Vater ist ein Egoist, für den nur die Karriere zählt. Ein Teufel, der die Mutter seiner Kinder fortjagen will, oder noch schlimmer, in die Psychiatrie stecken. Um Platz zu machen für eine fremde Frau, die ihre Stiefmutter werden wird. Da fasst sie allen ihren Mut zusammen und presst den Polster fest auf das Gesicht ihres

Jüngsten. Er strampelt ein bisschen. Leises Stöhnen erstickt unter dickem Stoff. Sie spürt, wie das Leben aus dem kleinen Körper weicht. Als sich das Kleinkind nicht mehr rührt, lässt sie ab. Sie wundert sich, wie schnell es gegangen ist. Die Schwester ist nicht aufgewacht. Jetzt wendet sie sich ihr zu, legt nun auch ihr den Polster aufs Gesicht und presst darauf...

Totenstille.

Amba! Der Gedanke an sie schmerzt. Sie darf ihr erstgeborenes Mädchen nicht alleine lassen. Sie ist ihr von den Kindern am Nächsten gestanden, fast wie eine Verbündete. Mit ihrem heiteren Wesen, das zugleich so klug und vernünftig war. Sie schleicht hinüber, ins andere Kinderzimmer. Ihre Hände umklammern immer noch den roten Seidenpolster.

Das Mädchen liegt in ihrem Bettchen, in tiefen Schlaf versunken. Wie wunderschön sie doch ist. Weiche Locken umrahmen ihr Gesichtchen, ihr kleiner Mund wirkt ein wenig trotzig. Sie legt sie zu ihr ins Bett, schmiegt sich an ihrem kleinen Körper. Amba wacht auf, flüstert leise „Mama" und kuschelt sich eng an sie. Irgendwann schläft das Kind wieder an. Jetzt erhebt sich Saira, beugt sich über ihr Mädchen und presst den Polster fest auf sein Gesicht. Beinchen strampeln. Kleine Hände versuchen abzuwehren, kratzen sie im Gesicht, am Hals, werden brutal weggedrückt. Sie drückt weiter, mit aller Kraft. Bis ihre Arme schmerzen. Sie weiß nicht, wie lange es dauert. Sie hat längst jegliches Zeitgefühl verloren. Irgendwann ist es vorbei. Der kleine Körper liegt erschlafft unter ihren Armen.

Aus dem gerichtspsychiatrischen Gutachten[2]

Es ist hier davon auszugehen, dass die Gesamtgemengelage als geistige und seelische Abartigkeit höheren Grades einzustufen ist. Von Frau S. geht eine große

---

[2] *erstellt von Univ. Doz. Dr. Peter Hofmann*

Gefahr aus, mit großer Wahrscheinlichkeit erneut strafbare Handlungen wie die gegenständlichen zu setzen. Hier ist insbesondere an Tötungsdelikte in zukünftigen familiären Situationen zu denken. Möglicherweise gerät der Mann in den Fokus ihrer Aggressionen, da er ja aus ihrer Perspektive Hauptverantwortlicher für ihre Tat ist. Es sind die Voraussetzungen für die Einweisung in eine Anstalt für geistig abnorme Rechtsbrecher gemäß § 21 Abs. 2 StGB erfüllt.

Vernehmungszone einer Justizanstalt

Sie hat ein feines, ebenmäßiges Gesicht. Lange, schwarze Haare, die sie mit einer kleinen Haarklammer zurückgesteckt hat. Vor allem aber: Beeindruckende, große Augen von ungewöhnlicher Farbe. Irgendetwas zwischen haselnussbraun und grün, wie Bernstein. Eine Schönheit.

Ich stelle mich als ihre Verteidigerin vor und erkläre ihr, dass ihr Mann mich engagiert hat. Sie sagt nichts. Schüttelt nur bedächtig den Kopf und starrt vor sich hin.

Schweigen. Ich finde keine Worte, wie immer, wenn es um Kindstötungen geht. Das, was geschehen ist, kann nicht in Worte gefasst werden. Es ist schlechthin unfassbar. Wider die Natur.

Aus dem Protokoll der Einvernahme der Beschuldigten Saira S. beim Landeskriminalamt Wien

In der Küche versuchte ich mir dann, die Pulsadern aufzuschneiden, was mir nicht gelang. Ich ließ das Messer fallen und holte aus dem Wirtschaftsraum einen Insektenspray. In der Küche nahm ich mir ein Glas und füllte ein wenig Wasser hinein. Ich besprühte das Wasser mit dem Insektenspray und trank es. In der Hoffnung nun zu sterben legte ich mich zu meiner toten Tochter. Nach kurzer Zeit musste ich mich übergeben. Ich stand auf und ging abermals in den Wirtschaftsraum. Dort suchte ich ein Seil, um mich zu erhängen, fand aber keines. Also hob ich das

Messer wieder auf und versuchte erneut, mir die Pulsadern aufzuschneiden. (…)
Nachdem nichts funktionierte rief ich irgendwann die Polizei an. Anmerkung des
vernehmenden Beamten: Der Notruf bei der Polizei langte um 05.24 ein.

***

„Ich weiß, dass Sie Ihre Kinder geliebt haben. Dass Sie kein schlechter Mensch sind…" sage ich, um das Schweigen zu brechen. Wie banal das für sie klingen muss. Worte einer Person, die keine Ahnung hat. Sie blickt mich ratlos an, versucht sich dann in einem höflichen Lächeln. Es wirkt gequält, und doch rührt es mich, dass sie mich ein wenig an sich heranlässt. Ob meine Worte wirklich bei ihr ankommen, bezweifle ich. Alles an ihr ist verlangsamt. Sie steht neben sich. Es liegt an den starken Psychopharmaka, die ihr verabreicht werden.

Ihre Tat liegt jetzt mehrere Monate zurück. Den letzten Anwalt hatte sie abgelehnt. Die Chemie hatte nicht gestimmt, wie mir ihr Mann erklärt hatte, und: „Eine Frau verteidigt besser, in so einem Fall!"

„Laut dem gerichtspsychiatrischen Gutachten haben Sie die Tat unter dem Einfluss einer höhergradigen psychischen Störung begangen. Aber der Psychiater ist zum Schluss gekommen, dass Sie zurechnungsfähig sind. Der Staatsanwalt hat daher Mordanklage erhoben."

Sie verzieht keine Miene. Ich erkläre ihr den Ablauf einer Schwurgerichtsverhandlung. Plötzlich unterbricht sie mich und sagt: „Ich will die Giftspritze, bitte! Ich will zu meinen Kindern…"

Vor dem großen Schwurgerichtssaal

Marmor, Stuck, dunkles Holz. Ich liebe das Ambiente des altehrwürdigen großen Schwurgerichtssaales. Als ich an diesem Morgen eintreffe, wartet die Pressemeute schon im Foyer. Ein Reporter hält mir ein Mikrophon entgegen, ich gebe ein kurzes Statement ab, während ich den schweren Talar über mein Frühjahrskostüm werfe. Dann eile ich in den Saal.

Eingezwängt zwischen zwei Beamtinnen der Justizwache wird sie von einer Seitentüre in den Saal gebracht. Der eng geschnittene dunkle Hosenanzug betont ihr Zerbrechlichkeit. Sie nimmt auf der Anklagebank Platz. Blitzlichtgewitter. Sie beugt sich nach vor und vergräbt ihr Gesicht in ihren Händen.

Der Richter spricht ein Machtwort. „Schluss jetzt. Das Fotografieren im Saal ist von nun an zu unterlassen."

Dann treten die Geschworenen ein. Sieben Frauen, drei Männer. Acht von ihnen werden heute über das Leben meiner Mandantin entscheiden, zwei nehmen auf der Ersatzbank Platz.

Aus dem Eröffnungsplädoyer der Verteidigung

Der Gerichtspsychiater hat Frau S. eine Geisteskrankheit in Form einer schweren Depression attestiert, jedoch keine Psychose. Er führt aus, dass sie bei klarem Denkvermögen war. Sie habe eine geordnete Erinnerung an die Ereignisse jener Nacht. Deshalb hat die Staatsanwaltschaft Mordanklage erhoben. Frau S. habe gezielt und vorsätzlich gehandelt. Ja, das hat sie! Die Frage ist aber, ob ihr dies zuzurechnen ist. Ob sie schuldhaft gehandelt hat. Das psychiatrische Gutachten mag hier eine Orientierungshilfe sein. Doch der Gesetzgeber hat die Beantwortung der Frage der Zurechnungsfähigkeit bewusst in die Hände der Geschworenen gelegt. § 11 StGB lautet: „Wer zur Zeit der Tat wegen einer Geisteskrankheit, wegen einer geistigen Behinderung, wegen einer tiefgreifenden Bewusstseinsstörung oder wegen

einer anderen schweren, einem dieser Zustände gleichwertigen seelischen Störung un-
fähig ist, das Unrecht seiner Tat einzusehen oder nach dieser Einsicht zu handeln,
handelt nicht schuldhaft."

War Frau S. in der Lage, das Unrecht ihrer Taten einzusehen? Ich bin überzeugt:
Sie war es nicht! Aus ihrer kranken Sichtweise war es vielmehr absolut richtig, was
sie getan hat. Sie wollte mit ihren Kindern einer bösen Welt entfliehen…

***

Sie spricht so leise, dass der Richter Sie immer wieder ermahnen muss:
„Bitte sprechen Sie ins Mikrophon!" Manche Sätze werden nicht zu
Ende gesprochen, die Worte oft nur gehaucht. Mein Blick schweift zur
Geschworenenbank und bleibt am Gesicht einer älteren, weißhaarigen
Frau hängen. Ich versuche darin zu lesen, ist da Bedauern, gar Mitleid?

Dann tritt der Ehemann von Saira S. in den Zeugenstand. „Sie hat
unsere Kinder geliebt. Sie hat sie gut behandelt", sagt er gleich am
Anfang. Doch sie habe sich in den letzten Monaten immer mehr verändert. Sie habe sich immerzu verfolgt gefühlt. Früher habe er gerne
gekocht, vor allem an Sonntagen. Bis sie ihn beschuldigt habe, die ganze Familie vergiften zu wollen. Nicht einmal sei es vorgekommen, dass
sie mitten in der Nacht plötzlich über ihm war und mit ihren Fäusten
auf ihn eingeprügelt habe. Jeder habe ihr geraten, psychiatrische Hilfe
zu suchen. Aber sie habe das strikt abgelehnt, weil angeblich alle gegen
sie seien. „Doch unser Kinder, die hat sie geliebt", erklärt er dann, bevor seine Stimme versagt und er seine Tränen nicht mehr unterdrücken
kann. „Vielleicht können Sie diesen Schicksalsschlag irgendwann einmal bewältigen. Ich wünsche es Ihnen", erklärt der Vorsitzende dem
gebrochenen Mann, bevor er von einem Gerichtsdiener aus dem Saal
geleitet wird.

Ich habe das Gefühl, dass die Stimmung allmählich zu Ungunsten
meiner Mandantin kippt. Doch das Schlimmste steht noch bevor: Der
Gerichtsmediziner. Ich kenne den großgewachsenen Mann mittleren
Alters aus vielen Verfahren. Die Art, wie er trocken über die Zustände

von Leichen, Todesarten, Todesflecken oder Leichenstarren referiert, hat mich immer schon ein wenig fasziniert. Er ist ein routinierter Experte seines Fachs, der es versteht, dem Laien komplexe medizinische Sachverhalte nahezubringen. Auch heute wirkt er völlig emotionslos, wenn er das düstere Bild schildert, das die Gerichtskommission in der Tatnacht in der Wohnung vorgefunden hat. „Kann es sein, dass die Kinder gar nicht aufgewacht sind, als ihre Mutter ihnen den Kopfpolster aufs Gesicht gedrückt hat?" fragt ein Geschworener. „Das ist auszuschließen", stellt der Sachverständige nüchtern klar. Alle Kinder seien aufgewacht, und alle hätten um ihr Leben gekämpft. Der Hirntod trete erst nach drei bis fünf Minuten ein, bei den Kleinkindern sei es vielleicht ein wenig schneller gegangen. Bei der Tochter habe man bei der Obduktion Kratzspuren gefunden. Auch die Angeklagte habe am Hals und an den Armen Kratzer aufgewiesen. Zeugnisse eines erbitterten Todeskampfs, der minutenlang gedauert haben muss…

Ich blicke wieder hinüber zu der älteren Geschworenen. Ihre Züge scheinen sich verhärtet zu haben, das Mitleid scheint einem anderen Gefühl gewichen zu sein. Abscheu?

„Die punktförmigen Stauungsblutungen in den Augenbindehäuten sprechen für einen Tod durch fremde Hand. Die Kinder wurden mit dem sichergestellten roten Polster erstickt" erläutert der Gerichtsmediziner. Währenddessen wird die Tatortmappe unter den Geschworenen weitergereicht. Die in der Tatnacht aufgenommenen Bilder aus der Wohnung, sie bedrücken und berühren gleichzeitig. Ambas Mädchenzimmer ist ganz in Rosa gehalten. An der Wand eine Minnie-Maus mit rot getupfter Schleife. Neben dem Bett ein himmelblaues Schaukelpferd. Diese Kinder wurden geliebt. Das müssen die Geschworenen doch sehen und in ihr Urteil einfließen lassen! Hoffe ich.

Als Letzter spricht der gerichtspsychiatrische Sachverständige. Er ist der Verhandlung gefolgt und bleibt jetzt bei seiner Schlussfolgerung: Frau Saira S. leide unter einer Geisteskrankheit in Form einer schweren Depression. Ein grenzwertiger Zustand, aber noch keine psychotische Entgleisung, kein Wahn.

***

Mag sein, dass die Angeklagte steuerungsfähig war, wie der psychiatrische Fachausdruck lautet. Jedoch: Ob sie in ihrem Zustand in der Lage war, Recht von Unrecht zu unterscheiden, ist keine psychiatrische Frage. Sondern eine Rechtsfrage, deren Beantwortung der Gesetzgeber bewusst den Laienrichtern überlassen hat.

Jetzt, am Ende des Verfahrens, bin ich mir sicher, dass einige von ihnen zum Schluss gekommen sind, dass Frau S. aufgrund ihrer psychischen Erkrankung nicht mehr wusste, was sie tat. Ja, sie hat ihre Kinder getötet. Ja, es war heimtückischer Mord – von außen betrachtet. Und doch hat sie kein Unrecht begangen – aus ihrer schwerkranken Sichtweise betrachtet. Im Gegenteil, sie hat es getan, um ihre Kinder vor einer bösen Welt zu bewahren. „Verrückt" nennt der Volksmund solche Menschen, und das trifft es genau.

***

Nach der Strafprozessordnung steht es allein den Geschworenen zu, über Schuld oder Unschuld zu entscheiden. Das erfolgt im Rahmen eines nicht ganz unkomplizierten Fragenschemas: Die Hauptfragen sind darauf gerichtet, ob der Angeklagte die ihm zur Last gelegte Tat begangen hat. Sollten die Geschworenen diese Hauptfrage verneinen, sind manchmal sogenannte Eventualfragen zu beantworten: Wenn die Geschworenen beispielsweise zum Schluss kommen, dass der Angeklagte keinen Mord zu verantworten hat, dann könnte er allenfalls wegen Totschlags verurteilt werden. Nämlich dann, wenn er sich aus einer „allgemein begreiflichen heftigen Gemütserregung dazu hinreißen" hat lassen, einen anderen zu töten, was eine geringere Strafdrohung nach sich zieht. Eine weitere Variante sind die Zusatzfragen. In der Praxis geht es hier vor allem um die Frage nach dem Schuldausschließungsgrund der Unzurechnungsfähigkeit: Wenn der Angeklagte wegen einer Geisteskrankheit, einer tiefgreifenden Bewusstseinsstörung oder einem sonstigen „seelisch abartigen Zustand höheren Grades" unfähig war, das Unrecht seiner Tat einzusehen oder nach dieser Einsicht zu handeln, ist ihm keine Schuld anzulasten.

Bevor sich die Geschworenen zur Beratung über den von ihnen zu fällenden „Wahrspruch"[3] zurückziehen, wird ihnen im Beratungszimmer von den Berufsrichtern eine Rechtsbelehrung erteilt. Danach sind die Laienrichter bei der Beantwortung der an sie gestellten Fragen auf sich alleine gestellt. Das System der Schwurgerichtsbarkeit wird seit Jahrzehnten vielfach kritisiert, ja angefeindet. Laien seien komplizierten Rechtsfragen nicht gewachsen, wird argumentiert. Und schon gar nicht sei es zu verantworten, dass Laien in Verfahren entscheiden, wo psychiatrisch relevante Fragestellungen in Richtung Zurechnungsunfähigkeit zu beantworten seien.

Meine langjährige Erfahrung hat mich anderes gelehrt. Ja, die Laienrichter sind manchmal überfordert. Umso mehr sollte es einen guten Verteidiger oder Staatsanwalt anspornen, ihnen die relevanten Umstände in verständlicher Weise darzulegen und sie vom jeweiligen Standpunkt zu überzeugen. Ich bin eine Verfechterin der Laiengerichtsbarkeit. Dem Problem der Überforderung der Laienrichter steht nämlich auf der anderen Seite das viel größere Problem der Betriebsblindheit mancher Berufsrichter gegenüber. Richter, allen voran Strafrichter, sind Menschen, die regelmäßig angelogen werden. Das ist nun mal so, und das prägt. Stumpft ab. Erzeugt ein Menschenbild, das nicht immer vorteilhaft ist. Und deshalb ist es gut, dass gerade bei den schwersten Delikten das Urteil über Schuld oder Unschuld nicht von abgebrühten Berufsrichtern gefällt wird, sondern juristischen Laien vorbehalten bleibt.

Jedoch: Welche Fragen die Geschworenen zu beantworten haben, das entscheiden – die Berufsrichter!

***

Die drei Berufsrichter haben nur wenige Minuten über die Fragen an die Geschworenen beraten. Sie reichen die Listen weiter, eine an die Staatsanwältin, die andere an mich. „Gibt es Einwände?" fragt der Vor-

---

[3] *juristische Bezeichnung für das Abstimmungsergebnis der Geschworenen*

sitzende. Ich erhebe mich und erkläre: „Ich beantrage die Aufnahme der Zusatzfrage zur Zurechnungsfähigkeit!" Die Beratung dauert nicht einmal drei Minuten: „Der Antrag der Verteidigung wird abgelehnt. Das psychiatrische Gutachten ist zur Frage der Zurechnungsfähigkeit zu einem eindeutigen Schluss gelangt."

Ich rüge die Ablehnung als Verfahrensfehler, muss mich aber vorläufig damit abfinden. Auch damit, dass die Geschworenen jetzt gar keine Wahl mehr haben. Sie erhalten die vorgefertigten Listen, in denen ausschließlich drei Hauptfragen, gerichtet jeweils auf Mord, zu beantworten sind.

***

Und so kommt es, wie es zwangsläufig kommen muss: Da die Angeklagte die ihr zur Lasten gelegten Taten begangen hat, mussten die Geschworenen die Hauptfragen nach Mord bejahen. Darüber, ob die Angeklagte bei der Begehung ihrer Taten in einem Zustand war, der ihre Schuldfähigkeit aufgehoben hat, durften die Geschworenen nicht abstimmen.

Über die Höhe der Strafe entscheiden Berufsrichter und Geschworenen gemeinsam in einer nicht öffentlichen Sitzung, die in der Regel nur kurz dauert. Saira S. wird wegen Mordes zu einer lebenslangen Freiheitsstrafe verurteilt. „Drei tote Kinder. Bei dieser Konstellation gibt es nur lebenslang", hält sich der Vorsitzende bei der Urteilbegründung knapp. Danach erhalte ich Gelegenheit, mich in einem Nebenraum ein paar Minuten mit meiner Mandantin zu besprechen. Das Urteil ist bei ihr noch gar nicht angekommen. „Ich verstehe nicht, was ist jetzt passiert?" flüstert sie mit ungläubigem Blick.

Wieder im Saal melde ich Nichtigkeitsbeschwerde und Berufung an.

***

Die Berufsrichter haben einen entscheidenden Fehler gemacht, indem sie meinen Antrag auf Aufnahme der Zusatzfrage nach der Zurechnungsfähigkeit abgelehnt haben. Das gerichtspsychiatrische Gutachten war eine Orientierungshilfe, aber nicht mehr. Die Geschworenen sind bei der Beurteilung der Schuld nicht daran gebunden. Sie haben eine Eidesformel geschworen, wonach sie „mit Unparteilichkeit und Festigkeit nur nach den für und wider den Angeklagten vorgeführten Beweismitteln und ihrer darauf gegründeten Überzeugung so entscheiden, wie sie es vor Gott und ihrem Gewissen verantworten können." Dieses Verfahren hat, so meine ich, viele Anhaltspunkte zutage gebracht, die nahelegen: Die Angeklagte war zur Tatzeit psychisch schwer krank. Das Gericht hätte den Geschworenen zumindest die Möglichkeit einräumen müssen, darüber abzustimmen, indem es ihnen die Frage nach der Zurechnungsfähigkeit als Zusatzfrage stellt. Hätten die Geschworenen diese Frage bejaht, wäre Saira S. von der Mordanklage freizusprechen und in eine Anstalt für geistig abnorme Rechtsbrecher einzuweisen gewesen.

Ein paar Monate später liegt die Entscheidung des Obersten Gerichtshofs vor: Er gibt der von mir eingebrachten Nichtigkeitsbeschwerde statt. Der Prozess muss wiederholt werden.

***

Der Himmel ist von grauen Wolken verhangen, gleich wird es zu regnen beginnen. Auf dem Weg zum Gerichtsgebäude überquere ich einen kleinen Park, der Wind frischt auf, bunte Blätter wirbeln im Wind. Ich fröstle, ziehe den Kragen meiner Jacke hoch. Ich hätte heute doch besser den wärmeren Mantel nehmen sollen. Nach einem langen, heißen Sommer ist nun der Herbst ist ins Land gezogen.

Auch die zweite Auflage des Prozesses gegen Saira S. findet im großen Schwurgerichtssaal des Landesgerichts für Strafsachen Wien statt. Es sind nicht dieselben Geschworenen wie damals, beim ersten Prozess. Aufmerksam, so scheint es mir, lauschen sie meinem Eröffnungsplädoyer. Doch dann stellen sie kaum Fragen, im Grunde nur eine einzige:

Wie lange hat der Todeskampf der Kinder gedauert? Der Gerichtsmediziner erklärt es ihnen: Bei der neunjährigen Amba hat es wohl zwanzig Minuten gedauert, bis sie tot war. Das Mädchen muss sich verzweifelt gewehrt haben, wie ihre Abwehrverletzungen zeigen. „Die Bilder finden Sie in der Tatortmappe und im Obduktionsbericht." Ein Raunen geht durch den Saal. Ich suche Blickkontakt zu dem groß gewachsenen Geschworenen in der ersten Reihe, der mich anfangs so eindringlich angesehen und mir interessiert zugehört hatte. Er weicht meinem Blick aus.

Die Angeklagte wusste, was sie tat, stellt der gerichtspsychiatrische Sachverständige im Anschluss klar.

„Schluss des Beweisverfahrens", verkündet der vorsitzende Richter, nachdem es keine weiteren Fragen und Beweisanträge mehr gibt. Im Anschluss wird die Fragenliste an die Geschworenen verteilt: Sie enthält die von mir beantragte Zusatzfrage, ob die Angeklagte schuldfähig gewesen ist.

Die Beratung der Geschworenen dauert nur eine knappe Stunde, und ihre Antwort fällt einstimmig aus: Acht mal ja, auch zur Zusatzfrage. Saira S. wird zum zweiten Mal zu einer lebenslangen Haftstrafe verurteilt.

Die Familie gilt als Keimzelle der Gesellschaft, als Ort der Geborgenheit und der Sozialisation. Doch nicht jedes Kind wächst in einem behüteten Elternhaus auf. Die Familie kann auch zur Gefahrenzone werden. Emotionale Vernachlässigung, psychische und körperliche Gewalt können schwere Schäden in der kindlichen Seele anrichten. Sie prägen den Heranwachsenden für sein ganzes Leben und können zu schwerwiegenden psychischen Störungen führen.

ZERRISSEN

Der Augenblick

Sie ist ein Mädchen, dem man nachschaut: Zierliche Figur, lange dunkle Haare, anmutige Bewegungen. Sie geht fast jeden Tag an ihnen vorbei, am Heimweg von der Schule. Den Jungs aus desolaten Verhältnissen, die sich jeden Nachmittag in dieser Wohnhausanlage zusammenrotten. Laute Musik dröhnt aus Boxen, Alkohol und Joints werden einander gereicht. „Hey Süße, weshalb so eilig?" Wie immer würdigt sie die Typen keines Blickes, doch der Bullige mit Glatze hat sich ihr bedrohlich in den Weg gestellt. „Verwöhnte Tussi…" Sie riecht seine Alkoholfahne, bekommt es mit der Angst zu tun.

„Verzieh dich, Alter!" Er ist urplötzlich aufgetaucht und hat den Bulligen zur Seite geschubst. Sie lächelt scheu: „Danke!" Er ist groß gewachsen, schlank, durchtrainiert. Halblange, zersauste Haare. Das Gesicht kantig, beinah verhärmt. „Ich bin Benny. Darf ich dich auf ein Getränk einladen?" Sie ertappt sich dabei, ihm zulange in die Augen geschaut zu haben. In diese ungewöhnlich hellen Augen, die so verwegen blicken. Und doch auch verträumt.

In meiner Anwaltskanzlei

Irgendetwas fasziniert mich an ihrem Gesicht. Es ist schmal, der Teint hell, fast weiß. Die Augen groß, dunkel, fragend. Audrey Hepburn, ja genau. Sie erinnert mich an diese berühmte Schauspielerin aus den sechziger Jahren.

„Da war sie siebzehn. Kurz nachdem sie sich in ihn verliebt hat. Wir haben Ihnen dieses Fotoalbum mitgebracht, damit Sie sich ein Bild von unserer Simone machen können. Bilder sagen mehr als Worte."

Ich blättere in dem altmodischen Fotoalbum. Es hat einen rosa Umschlag und trägt die Aufschrift „precious moments". Wertvolle Momente, glückliche Momente, eingefangen auf einigen Blättern Papier. Kindheitsbilder. Urlaubsreisen. Familie vor dem Weihnachtsbaum. Festlich gekleidete Menschen an einem sonnigen Tag vor einer Kirche. Rosenblätter wirbeln durch die Luft, als das Brautpaar aus dem Kirchentor tritt. Der junge Bräutigam wirkt ein wenig verloren, fast so, als ob er sich in diesem eleganten Anzug unwohl fühlen würde. Die Braut strahlt in ihrem duftigen, schneeweißen Brautkleid.

Glück

Die erste Liebe ist die stärkste, heißt es. Simones Eltern sind wenig begeistert davon, dass ihre Tochter sich dafür einen wie Benny ausgesucht hat: Er hat seine Lehrstelle geschmissen, ist wegen Jugendstraftaten wie Raufhändel und kleiner Diebstähle vorbestraft, lebt von heute auf morgen. „Aus dem wird nichts", rümpft ihre Mutter die Nase. Die Tochter hält dagegen: „Mama, Benny ist kein schlechter Mensch. Sein Vater war Alkoholiker. Er hat seine Mutter und die Kinder im Suff regelmäßig verprügelt. Benny ist mit acht ins Heim gekommen. Er hatte keinen Halt. Gebt ihm eine Chance …" Um ihre Eltern gnädig zu stimmen, lernt sie eifrig für ihre Lehrer-Ausbildung.

Ein Jahr später hat Simone ihr Diplom. Und ist immer noch mit Benny zusammen. Sie werden bald zu dritt sein, denn sie ist schwanger. Ihre Eltern sind Menschen, denen Werte wie Familie und Tradition viel bedeuten. Wenn ein Mädchen ein Kind unterm Herzen trägt, muss es geheiratet werden. Simones Glück steht nichts mehr im Wege.

In meiner Anwaltskanzlei

Die dunkelhaarige junge Frau, die mir in meinem Besprechungszimmer gegenübersitzt, ist unverkennbar die Tochter der strahlenden Braut aus dem Fotoalbum. Grazile Figur, dunkle Haare, große, fragende Augen.

Die Augen ihrer Begleiterin, einer Frau in ihren Fünfzigern, sind rotgerändert. „Damals, bei der Hochzeit meiner Tochter, habe ich auch geweint…", flüstert sie.

Schmerz

Der erste Liebeskummer ist der schmerzlichste, sagt man. Vor allem, wenn er hereinbricht, wenn es die glücklichsten Momente eines Menschlebens sind. Als ihr Töchterchen geboren wird, kommen alle in die Geburtsklinik, um der frisch gebackenen Mama zu gratulieren. Die Eltern, der Bruder, Onkeln, Tanten. Nur der Kindsvater fehlt. Benny ist „abgestürzt." Im Suff. Tagelang bleibt er unauffindbar, und als er endlich auftaucht, hält er einen riesengroßen Blumenstrauß in Händen. Das schlechte Gewissen steht ihm ins Gesicht geschrieben: „Liebes, ich hab es einfach nicht gepackt. Vielleicht halte ich so viel Glück nicht aus…" Seine hellen, weichen Augen blicken sie flehend an. Sie fühlt seine ehrliche Reue. Seine unendliche Sehnsucht nach Liebe und Geborgenheit. Mit einem Schlag ist alles verziehen. Sie spürt seine Haut auf ihrer Wange, atmet seinen Duft, wühlt in seinen zersausten Haaren. Und ist die glücklichste Frau auf diesem Planeten.

Als er gegangen ist, ruft ihre Mutter an: „Er wird dich unglücklich machen." Sie hat Benny nie verziehen, dass er ihr die Tochter genommen hat. Sie verachtet ihn, weil er es nicht geschafft hat, einen „anständigen Beruf" zu erlernen.

In meiner Anwaltskanzlei

„Mein Vater hat meine Oma gehasst. Aber nur, weil sie es war, die ihn abgelehnt hat", erklärt mir die junge Frau. „Aber wo. Dein Vater hat sich immer auf seine Vorstrafen ausgeredet, und dass man ihm deshalb keine Chance lassen würde", wirft ihre Großmutter ein.

Ich blättere weiter im Fotoalbum. Die schlanke dunkelhaarige Frau lacht auf fast allen Bildern. Wirkt gelöst, glücklich, frohen Mutes.

Verdacht

Es ist ein heißer Tag im August. Simone hat sich mit ihrer Mutter in der City verabredet. Als die Mutter sie in diesem Kleid mit den langen Ärmeln erblickt, fragt sie ihre Tochter unvermittelt: „Schlägt er dich?" Simone verspürt einen Stich und antwortet sogleich: „Aber nein, das würde er niemals wagen!" Eigentlich hatte sie sich ihrer Mutter anvertrauen wollen. Doch plötzlich war ihr klargeworden, dass sie kein Verständnis von ihr erwarten würde können. Sie würde Benny nur noch mehr hassen. Sie würde ihn anzeigen, das Jugendamt einschalten, die Familie zerstören. Nein, das darf nicht passieren. Das, was zwischen ihr und ihrem Mann ist, geht niemanden Außenstehenden etwas an. Sie werden ihre Probleme untereinander lösen. Sie wird in Kauf nehmen, dass sie manchmal auch im Sommer ein langärmliges Kleid tragen muss. Und eine große Sonnenbrille, um die blauen Schatten um ihren Augen zu verdecken.

In meiner Anwaltskanzlei

„Das war bei der Sponsionsfeier meines Sohnes", erklärt mir meine Klientin, als ich die Bilder der fröhlich feiernden jungen Menschen betrachte. „Wir waren in einem feinen Lokal im ersten Bezirk." Die Blicke der Eltern spiegeln Stolz wieder.

Benny ist irgendwo am Bildrand zu sehen. Er scheint nicht dazuzugehören. Als ob das hier nicht seine Welt wäre. Er lächelt eigentlich nie, fällt mir jetzt auf.

„Mein Vater ist immer ein Fremder in unserer Familie geblieben. Er hat nicht hineingepasst. Auch wegen seinem Alkoholproblem. Das hat mit seiner verkorksten Kindheit zu tun. Er war gerade mal neun, als Polizisten ihn mit seinem ersten Vollrausch aufgegriffen hatten. Die Doppelliterflasche hatte er in einem Supermarkt gestohlen. Sie haben ihn zurück ins Heim gebracht, aus dem er ausgebüxt war..." Irgendetwas in ihr hängt immer noch an ihm. Dem Vater, der ihr die Mutter genommen hat.

Sucht

Simone hört, wie der Schlüssel im Schloss der Eingangstüre umgedreht wird. Er ist heimgekommen. Sie blickt auf ihr Handy: Zwei Uhr morgens. Er wirft die Schuhe gegen die Türe des Vorzimmerkastens, entkleidet sich geräuschvoll, fällt schwer auf die Wohnzimmercouch. Er ist wieder einmal stockbesoffen.

In meiner Anwaltskanzlei

Er hält das Baby behutsam, ein wenig verunsichert in seinen Armen. Er ist stark tätowiert. Ich habe mal gelesen, dass Tattoos wie ein Schutzschild für denjenigen sein können, der sie trägt. Stark tätowierte Menschen seien oft besonders sensibel, wollen dies aber durch hart wirkende Tattoos überspielen. Hier, auf diesen zärtlichen Bildern, wirkt Benny entspannt. Aber er lächelt nicht.

„Meine Mama hat mir schon sehr früh all ihre Sorgen und Ängste anvertraut. Vor der Oma habe sie sich nicht so öffnen können, hat sie mir gesagt. Ich war schon zwölf, als mein kleiner Bruder geboren wurde. Es war eine schöne Zeit. Mein Vater hatte eine Entzugstherapie hinter sich und wollte neu durchstarten. Dass sein Lokal ausgerechnet in einem Rotlicht-Bezirk lag, hat ihn nicht gestört, im Gegenteil: Prostituierte und ihre Freier seien spendable Gäste, hat er gescherzt."

Es sind die letzten Bilder in diesem Album. Unglückliche Momente werden nicht in Fotoalben festgehalten.

Demütigung

Im Nachhinein fragt man sich, wie es so weit kommen konnte. Weshalb alles so ausgeufert ist. Wegen einer Lappalie.

„Achtung, das ist ein Puff. Die Nutten sind hier zum Vergessen!" hatte jemand das Lokal im Internet bewertet. Benny will das nicht auf sich sitzen lassen. Er geht der Sache nach und findet heraus, dass ein Kumpel aus Jugendtagen den Text verfasst hat. Der Typ ist inzwischen zu einer Rotlichtgröße avanciert und fürchtet offenbar Konkurrenz. Benny stellt ihn zur Rede, was den Konkurrenten nur anfeuert, noch mehr schlechte Bewertungen ins Netz zu stellen. Die Affäre schaukelt sich hoch, die beiden Kontrahenten bleiben sich nichts schuldig, es folgen wechselseitige Klagsdrohungen und Anzeigen. Eines Morgens findet Benny die Eingangstüre seines Lokals mit Farbe besprüht vor. Das Werk eines Handlagers seines Kontrahenten, davon ist er überzeugt.

Es reicht. Er wird diese Demütigungen nicht länger hinnehmen. Er besorgt sich eine Waffe, eine Pistole vom Typ Glock 17. Freilich heimlich und ohne im Besitz eines Waffenscheins zu sein. Der Showdown findet direkt vor seinem Lokal statt. Zum Glück ohne Schusswaffe, sondern mit Faustschlägen. Als sein Kontrahent schwer verletzt am Boden liegt, wählt Benny die Nummer der Polizei und erklärt: „Jetzt ist mir leichter, holt´s mich ab!"

Der Fall geht durch die Medien. Benny gelangt zu unrühmlicher Prominenz und steht am Schluss als großer Verlierer da: Strafgerichtlich verurteilt, seiner Existenzgrundlage beraubt, öffentlich gedemütigt.

In meiner Anwaltskanzlei

„Es war mir wichtig, dass du ein Geschwisterchen hast", hat mir meine Mutter einmal gesagt. Ich muss sie verwundert angeschaut haben, und dann hat sie weitergeredet: „Damit du nicht alleine bist, wenn ich einmal nicht mehr sein sollte."

Während ihre Großmutter weint, spricht diese junge Frau mit erstaunlicher Emotionslosigkeit. Ich habe den Eindruck, dass ihre Gefühle erstarrt sind. Sie kann sie nicht zulassen. Denn in Wahrheit sind ihre Trauer, ihre Angst, ihre Wut dermaßen ungeheuerlich, dass sie an diesem Gefühlschaos zerbrechen würde.

„So etwas hat sie dir erzählt?", fragt ihre Großmutter und schüttelt den Kopf.

Verbitterung

Simone weiß, dass er gerade eine schwere Zeit durchmacht. Sie weiß, dass er kein schlechter Mensch ist. Dass er es nicht anders gelernt hat, als: Schlagen oder geschlagen werden. Den Kummer in Alkohol ertränken. Es ist schlimm, seitdem er sein Lokal verloren hat, doch sie ist überzeugt: Er liebt sie über alles. Wenn er nüchtern ist, fleht er sie an und bittet um Verzeihung, kauft Geschenke, die er sich gar nicht leisten kann.

Die kleine Familie lebt jetzt von ihrem Einkommen als Lehrerin, das jedoch von vorne und hinten nicht reicht. Die Schulden drücken, der Gerichtsvollzieher schaut in regelmäßigen Abständen vorbei. Ebenso wie sie in regelmäßigen Abständen ihrer Mutter einen Besuch abstattet. Um sich Geld von ihr auszuborgen. Um den Preis, dass sie von ihr regelmäßig zu hören bekommt, dass der Vater ihrer Kinder nichts als ein arbeitsscheuer Nichtsnutz sei.

Sie ist aufgerieben in diesem Krieg zwischen ihrem Ehemann und ihrer Mutter. Sie weiß nicht, wie lange sie diesen Druck noch aushalten wird. Sie fühlt sich verloren, hoffnungslos, verbittert.

In meiner Anwaltskanzlei

„Meine Mama war das Ventil, durch das mein Vater seinen Hass auf das Leben ausgelassen hat. Vor etwa einem Jahr hat sie dann einen seltsamen Wunsch geäußert. Bei ihrem Begräbnis soll man das Lied „Das Leben ist schön“ der Sängerin Sarah Connor spielen. Und wir alle sollten bunte Kleider tragen, und Luftballons aufsteigen lassen…

„Wieso hattest du mir das nicht erzählt?“, regt sich ihre Großmutter auf. Die junge Frau schweigt. „Glauben Sie, dass es etwas bewirkt hätte?“ werfe ich ein. „Nein, Sie hätten sie damals nicht umstimmen können“, gebe ich selbst die Antwort. Freilich weiß ich es nicht, doch ich will nicht, dass diese ohnedies schon leidgeprüften Frauen sich gegenseitig Vorwürfe machen.

Drohung

Diesen Sonntag hat die Oma auf ihren Enkel aufgepasst. Simone ist auf einem dreitägigen Seminar, und Benny irgendwo unterwegs, Genaueres weiß man nicht. Als er abends heimkommt, verschlägt es ihm die Sprache: Die Haare seines Sohnes sind raspelkurz. Die Oma hat sie abgeschnitten, die schönen blonden Locken. Ohne zu fragen, hat sie selbst entschieden, dass sein Bub keine langen Haare tragen darf. Er nimmt die große Schere, sie liegt noch am Küchentisch, und erklärt seiner Schwiegermutter: „Ich hasse dich. Ich werde dich jetzt abstechen." Als das Kind zu weinen anfängt, kommt er zur Besinnung und flieht aus der Wohnung.

Benny bekommt eine Bewährungsstrafe: „Beim nächsten Mal müssen Sie ins Gefängnis!" erklärt ihm der Richter. Außerdem erhält er die Weisung, die eheliche Wohnung für einige Monate nicht mehr zu betreten.

Simone schafft es zum ersten Mal in ihrem Leben, mit ihm Schluss zu machen.

In meiner Anwaltskanzlei

„Er ist mit der Trennung nicht klargekommen", erklärt mir die Mutter. „Er hat Telefonterror gemacht, sie mit SMS-Nachrichten überhäuft, sie abgepasst. Ich habe mich entschlossen, vorübergehend bei meiner Tochter einzuziehen, um sie zu unterstützen. Ich habe befürchtet, dass sie sich wieder erweichen lässt und ihn zurücknimmt. Ich habe sie darin bestärkt, sich von ihm scheiden zu lassen."

Eiskalt

Es ist ein Sonntag, der Vorfall liegt zwei Wochen zurück. Simone kocht das Abendessen, ihre Mutter spielt mit ihrem kleinen Enkel.

Da läutet es an der Türe. Die Mutter geht in den Flur und macht auf. Es ist Benny. Betrunken, desolat, das Hemd hängt ihm aus der Hosentasche. Und dann sieht sie die Waffe in seiner rechten Hand. „Polizei!" kreischt sie. Benny stößt sie brutal zu Seite, drängt in die Wohnung, brüllt: „Wo ist sie?" Simone kommt aus der Küche. Ein Schuss. Simone sackt wortlos zusammen. Blut rinnt aus ihrer rechten Schläfe.

Die Schreie des Kindes erinnern an jene eines verletzten Tieres. Als ob sie aus einer ungeahnten Tiefe dringen würden, fernab jeglicher Menschlichkeit. Der fünfjährige Sohn des Opfers und Täters hat alles gesehen.

Wenig später wird Benny F. von Beamten der Sondereinheit festgenommen. Er war in den Hof der Wohnhausanlage geflohen und hatte sich dort mit Tabletten und einer Flasche Whisky zugedröhnt. Er leistet keinen Widerstand.

„Es war eine eiskalte Hinrichtung" titelt eine Boulevardzeitung am nächsten Morgen.

In meiner Anwaltskanzlei

Die Schwiegermutter von Benny F. hat mich beauftragt, ihre Interessen im Strafverfahren wegen Mordes wahrzunehmen. Als „Privatbeteiligte", so der juristische Fachausdruck, hat sie das Recht auf Akteneinsicht, kann bei Gericht Anträge stellen und Schmerzensgeld fordern. Für die Hinterbliebenen ist dies zumeist ein wichtiger Schritt zur Aufarbeitung des Geschehenen.

„Manchmal habe ich das Gefühl, dass ich als Mutter versagt habe. Weil sich meine Tochter mir nicht anvertraut hat. War ich zu hart?" fragt mich Simones Mutter mit traurigen Augen. Um dann, nach einer Nachdenkpause, hinzuzufügen: „An diesem letzten Tag ihres Lebens war sie wunderschön. Da war ein inneres Strahlen…" Als ob sie es geahnt hätte, sinniere ich. Als ob sie sich für ihren Tod zurechtgemacht hätte… „Ich will ihm ein letztes Mal in die Augen sehen, bevor ich ihn endgültig aus meinem Leben verbanne", reißt sie mich aus meinen Gedanken.

„Auch ich will beim Prozess dabei sein", fügt ihre Enkelin hinzu. „Er hat mir meine Mutter genommen. Und doch ist er auch mein Vater. Ich will Antworten. Ich bin noch nicht fertig mit ihm." Und wieder erahne ich sie, die Zerrissenheit dieser jungen Frau. Die widersprüchlichen Gefühle. Da sind Hass, Liebe, Angst und Zweifel. Sie darf sie nicht zulassen, noch nicht. Denn sie würde daran zerbrechen.

Reuelos

Der psychiatrische Sachverständige attestiert Benny F. eine schwerwiegende kombinierte Persönlichkeitsstörung. Sie besteht aus emotional-instabilen, narzisstischen und dissozialen Komponenten, wobei frühkindliche Gewalterfahrungen prägend gewesen sein dürften. Der Untersuchte habe nicht gelernt, mit anderen adäquat zu interagieren und normale Beziehungen aufzubauen. Sein Leben sei von Aggression, Alkoholmissbrauch und fehlender Stabilität geprägt, wobei es in den letzten Jahren zu einer Abwärtsspirale gekommen sei: Berufliches Scheitern, ein verlorener Prozess, öffentliche Demütigung. Die entscheidende narzisstische Kränkung sei jedoch durch die Trennung von der langjährigen Partnerin ausgelöst worden. Jener Frau, die ihn immer wieder aus auswegelosen Situationen herausgeholfen hatte, die sein einziger und letzter Halt war. Die Prognose sei denkbar ungünstig, zumal der Untersuchte keine Bereitschaft zeige, sich mit der Tat auseinanderzusetzen.

Auch vor Gericht schafft Benny F. es nicht, so etwas wie Reue zu zeigen. Vielmehr gibt er seiner Schwiegermutter die Schuld an allem: „Sie hat meine Ehe zerstört!" Die meiste Zeit sitzt er mit gesenktem Kopf da, seine Antworten fallen knapp und emotionslos aus. Er wird wegen Mordes zu einer lebenslangen Freiheitsstrafe verurteilt und in eine Anstalt für geistig abnorme Rechtsbrecher eingewiesen. „Ich will büßen", erklärt der Angeklagte und verzichtet auf Rechtsmittel.

Bei der Ausmessung der Strafe sind die Milderungsgründe und die Erschwerungsgründe gegeneinander abzuwägen. Welche Umstände als mildernd oder erschwerend zu werten sind, ist im Gesetz demonstrativ, also beispielsweise, aufgezählt. Somit können vom Gericht auch vergleichbare Umstände, die im Gesetz nicht genannt sind, als mildernd oder erschwerend herangezogen werden.

Ein Milderungsgrund liegt jedenfalls vor, wenn die Tat „unter dem Einfluss eines abnormen Geisteszustandes" (§ 34 Abs. 1 Z 1 StGB) begangen wird. Bei einer „geistig-seelischen Abartigkeit höheren Grades" des zurechnungsfähigen Täters im Sinne des § 21 Abs. 2 StGB ist der genannte Milderungsgrund regelmäßig zu bejahen. Allerdings schließt die Rechtsprechung eine höhergradige Aggressionsbereitschaft, mag sie auch in einer psychischen Störung begründet sein, diesen Milderungsgrund aus. Ein „abnormer Geisteszustand" im Sinne der zitierten Gesetzesstelle kann auch dann vorliegen, wenn zwar eine psychische Erkrankung, aber noch keine „geistig-seelische Abartigkeit höheren Grades" vorliegt.

TODESTRIEB

Dreißig Jahre zuvor

Das blaue Band in ihren blonden Haaren flattert im Fahrtwind. Der Himmel ist wolkenlos, der Horizont des türkisfarbenen Meeres scheint im Unendlichen zu liegen. Die Inselkette der Florida Keys verläuft bis zum südlichsten Zipfel der Vereinigten Staaten von Amerika. Heute Key West, morgen dann New Orleans am mächtigen Mississippi River. Ihre Eltern haben dem jungen Paar diese Reise zur Hochzeit geschenkt.

Sie blickt ihn verstohlen von der Seite an. Er hat ein attraktives, ebenmäßiges Gesicht. Eine sportliche Figur. Es war jedoch seine ein wenig geheimnisvolle Melancholie, in die sie sich verliebt hatte. Als ob er ihre Gedanken erraten hätte, nimmt er eine Hand vom Steuer und streichelt ihr zärtlich über die Wange. Sie schließt die Augen und saugt die salzige Meeresluft ein. Sie ist einundzwanzig. Das ganze Leben liegt vor ihr. In seiner Pracht, Buntheit, mit seinen Träumen und Hoffnungen. Wie eine einzige Verheißung.

Ein beschauliches Dorf in Niederösterreich an einem Tag im September

Schäbig. Ein schäbiger Verlierer ist er. Einer, der er es zu nichts gebracht hat. Heute Morgen war er wieder mit diesem bleiernen Gefühl aufgewacht. Einem Gefühl, das ihn niederdrückt. Gleichsam ans Bett fesselt. Warum aufstehen, wenn er ohnedies nicht zur Arbeit muss? Wenn keine Aufgabe auf ihn wartet? Er ist jetzt Anfang fünfzig und seit mehr als einem Jahr in Invaliditätspension. Mit seinen vielen Krankenständen war er als Lehrer für Geschichte am örtlichen Gymnasium nicht mehr tragbar gewesen. Seitdem geht es ihm psychisch noch schlechter. Er wälzt sich im Bett umher, versucht wieder einzuschlafen. Es gelingt nicht. Da fallen ihm die Worte seiner Lebensgefährtin ein: Geh raus in die Natur, setz dich aufs Rad, das vertreibt die schlechten Gedanken!

Nach ein paar Kilometern ist er mitten im Wald. Und ertappt sich bei dem Gedanken: Dieser Ast wäre stark genug. An ihm könnte ich das Seil befestigen. Und mich damit aufhängen.

Er verlässt den Wald, radelt weiter in Richtung Tankstelle. Dort bleibt er stehen und holt sich zwei Dosen Bier. Die schlechten Gedanken, wie Birgit, seine Lebensgefährtin, sie nennt, drehen sich weiter. Ergreifen allmählich Besitz von ihm. Er setzt sich auf eine Parkbank, öffnet eine Dose und trinkt sie in einem Zug aus. Jetzt fühlt er sich erst recht schäbig. Aber irgendwie auch: entschlossen. Diesmal wird er ernst machen. Es ist für alle das Beste. Dieses Leben hat keinen Sinn mehr. Hastig öffnet er die zweite Dose, kippt sie hinunter und steigt wieder aufs Rad.

***

Die Pistole der Marke „Smith & Wesson", Kaliber 9 mm Luger, ist vorschriftsgemäß in einem Waffentresor im Dachgeschoss verwahrt. Michael S. ist Sportschütze und besitzt sie seit fast zwanzig Jahren. Bevor er den Tresor öffnet, wirft er sich ein paar Tabletten ein. Seit seiner krankheitsbedingten Frühpensionierung hatten sich die depressiven Schübe verstärkt. Dann war auch noch seine Mutter nach langem qualvollen Leiden gestorben. Sein Psychiater hatte ihm ein neues, angeblich stärkeres Antidepressivum verschrieben. „Aber es dauert ein paar Wochen, bevor es wirkt", hatte er seinen Patienten gewarnt. Bis jetzt merkt er nichts von der Wirkung. Oder doch? Irgendwie fühlt er sich an diesem frühen Nachmittag mutig. Aber es ist kein Lebensmut. Es ist der Mut, den es braucht, um sein Vorhaben endlich durchzuziehen. Er holt die Pistole heraus, schiebt die Munition ins Magazin, lädt durch. Dann geht er langsam ins Wohnzimmer hinunter, setzt sich auf die Couch. Er betrachtet die Waffe in seinen Händen, streicht fast schon zärtlich mit den Fingern über das schwarz glänzende Metall. Die schlechten Gedanken, sie haben sich fast aufgelöst, sind jetzt praktischen Überlegungen gewichen. Im Haus will er es auf keinen Fall tun. Wände und Teppiche voller Blut, Hirngewebe, Knochenstückchen, das will er seiner Birgit nicht antun.

Plötzlich hört er, wie jemand den Haustürschlüssel umdreht und hereinkommt. „Michael?" Sie stürmt ins Wohnzimmer und blickt ihn entgeistert an. „Was willst Du mit der Pistole? Gib sie sofort her, das ist jetzt kein Spaß…" Michaels Stimme klingt ganz ruhig: „Nein, das ist kein Spaß. Ich werd mich jetzt hamdrahn' [1]…"

Birgit zögert keine Sekunde: „Nein, das wirst du nicht tun!" Sie stürzt sich auf ihren Lebensgefährten, ergreift die Pistole, versucht sie ihm zu entreißen. Beide stürzen zu Boden, ringen miteinander. Birgit entwi-

---

[1] *österreichisch für: sich umbringen*

ckelt ungeahnte Kräfte, sie hat sich an der Pistole festgekrallt. Plötzlich springt sie mit einem Satz auf und läuft aus dem Zimmer, die erbeutete Waffe fest umklammert. Michael rappelt sich schnell hoch und stürmt ihr nach, doch sie knallt ihm die Türe vor der Nase zu. Er schlägt mit den Fäusten dagegen, brüllt wie von Sinnen: „Mach auf! Du wirst mich nicht zurückhalten können! Ich will nicht mehr, ich scheiß auf dieses Scheiß-Leben!"

Plötzlich wird er ganz ruhig. Er hatte die „Steyr"-Pistole vor Jahren beim Umbau des Dachbodens gefunden. Eine Rarität aus dem ersten Weltkrieg. Kaliber 9mm und in einwandfreiem Zustand. Er verwahrte sie seitdem sorgsam Waffentresor, ohne sie der Behörde zu melden.

Dann würde er es eben mit der Weltkriegs-Waffe tun.

Birgit steht jetzt vor der Eingangstüre, tippt nervös am Display ihres Handys. Zum Glück hebt der Bruder ihres Lebensgefährten gleich ab. „Michael ist ausgerastet, komm schnell!" fleht sie in den Hörer.

Da bricht ein Schuss.

Vernehmungszone einer Justizanstalt

Der Mann, der soeben den Haftraum der Vernehmungszone betreten hat, trägt einen dunkelblauen Trainingsanzug, was seine sportliche Ausstrahlung unterstreicht. Er zieht den Stuhl zurück und nimmt vor mir Platz. Sein Gesicht ist immer noch jungenhaft, die kurz geschnittenen Haare haben schon ein paar graue Strähnen. Er spricht leise und langsam, als ob er die Worte in seinem Inneren erst suchen müsste. Es ist wohl auf die Psychopharmaka zurückzuführen, die ihm jetzt in der Haft verabreicht werden. „Draußen habe ich sie nur unregelmäßig eingenommen. Weil ich sie schlecht vertragen habe. Sie haben mich müde gemacht. Schlaff, kraftlos. Ich hab keinen Sport ausüben können. Dann hab ich zugenommen. Irgendwann ist es mir zu viel geworden mit den Nebenwirkungen, und dann hab ich die Medikamente abgesetzt…" erklärt er mir.

Ich kann es nachvollziehen, es geht vielen Menschen so, die unter einer bipolaren Störung leiden. Die Folgen sind fatal: Die Depression zieht den Kranken immer weiter nach unten. Nach Wochen oder Monaten klingt sie jedoch ab, und es zeichnet sich die manische Phase ab. Diese ist das Gegenteil der depressiven: Der Kranke ist voller Kraft und Tatendrang, er fühlt sich übermächtig. In dieser Phase zwischen Depression und Manie geschehen die meisten Selbstmorde: Das Stimmungsbild ist noch negativ gefärbt, doch der Betroffene ist agitiert genug, um sein Vorhaben zu verwirklichen.

Michael S. hat sich nicht umgebracht, sondern landete im Gefängnis.

Ein beschauliches Dorf in Niederösterreich an einem Tag im September

So etwas haben die Bewohner dieses beschaulichen Dorfs noch nie erlebt: Drei Polizeifahrzeuge rasen mit Blaulicht auf Haus der Familie S. zu und bremsen davor mit quietschenden Reifen. Sechs Beamte springen heraus und laufen auf die Eingangstüre zu, vor der Birgit und der von ihr verständigte Bruder ihres Lebensgefährten Michael stehen. „Ich werde mich jetzt umbringen. Komm mir nicht nahe, sonst muss ich dich erschießen, hat er mir gesagt", berichtet der Bruder mit aufgeregter Stimme.

Und wieder fällt ein Schuss. Diesmal kommt er nicht aus dem Inneren des Hauses. Birgit sieht ihn als erste: „Michael steht auf dem Balkon. Er zielt mit der Pistole herunter!" Bevor noch jemand was sagen kann, fällt auch schon der nächste Schuss. Michaels Bruder packt Birgit am Arm, sie laufen um die Ecke. Die Beamten verschanzen sich hinter der gegenüberliegenden Hausmauer.

Der nächste Schuss, diesmal klirrt Glas. „Die Heckscheibe unseres Dienstwagens ist zerborsten, wir sind aus dem Fahrzeug herausgesprungen" werden die Beamten später zu Protokoll geben. Michael S. ist sich jedoch sicher, dass die Beamten zum Zeitpunkt der Schussabgabe schon ausgestiegen und daher außerhalb des Gefahrenbereichs waren.

Die nächsten Schüsse treffen die Hausmauer, ein Gartenhäuschen, ein Garagentor, eine Kinderschaukel im Nachbargarten. Und immer wieder die Hausmauer, hinter der sich die Polizisten verschanzen.

Aus dem Protokoll der polizeilichen Einvernahme des Beschuldigten Michael S.

Es ist dann die Polizei eingefahren. Ich dachte mir dann, in welchem Film bin ich? Ich habe absolut nicht mit der Polizei gerechnet. Dann ging aber die Idee, dass ich mich selbst erschieße, zunichte. Dies, weil ich eben selbst zu feige war, mir das Leben zu nehmen. Dann habe ich für mich beschlossen, dass ich durch einen Beamten getötet werde. (…)

Ich stand aufrecht mitten am Balkon und habe mich wirklich gefragt, warum niemand schießt. Warum kein Warnschuss abgegeben wird und nichts. Gut, dann dachte ich mir, dann machen wir halt ein bisschen mehr Krawall.

Vernehmungszone einer Justizanstalt

„Was haben Sie mit dem Kugelhagel bezwecken wollen?" frage ich meinen Mandanten. „Ich wollte die Polizisten provozieren. Damit sie das erledigen, wofür ich zu feige war. Sie sollten mich erschießen." „Suicide by cop also", kommentiere ich seine Worte. Ich glaube ihm. Warum hätte er diese sechs Polizisten auch töten wollen? Er kannte sie nicht, hatte kein Motiv.

Aus dem Protokoll der polizeilichen Einvernahme des Zeugen Roman P., Polizeibeamter

Als ich dann zum x-ten Mal wieder um die Ecke schaute, um zu schauen, wo der Beschuldigte ist, hat es wieder einen „Klescher" gemacht und dabei ist dieser Streifschuss an der Ecke des Hauses Nr. (…) entstanden. Ich stand aufrecht an der Wand und habe dann gespürt, dass der Putz auf mich runterbröckelt und auf den Helm runterbröselt. Ich bin 1,86 Meter groß. Das kann somit nicht irgendwo in die Luft geschossen gewesen sein, das war sehr wohl bewusst auf mich gezielt."

In meiner Anwaltskanzlei

„Es waren die Berge, die Michaels Depressionen in Schach gehalten haben. Die einsame Natur hat ihm gut getan. Doch dann, vor zwölf Jahren, ist er beim Klettern abgestürzt. Seine Halswirbelsäule wurde schwer verletzt. Die Schmerzen haben bis in den Kopfbereich ausgestrahlt. Sie wurden immer quälender, und dann ist er in seine depressiven Phasen geschlittert. Es ist nicht nur einmal vorgekommen, dass ich vorzeitig von der Arbeit nach Hause gefahren bin, weil Michael das Telefon nicht abgehoben hat. Meine Sorgen waren leider nicht unberechtigt. Einmal hat er die Böden unseres Hauses mit Folien ausgelegt. Damit sie bei seinem Selbstmord durch Erschießen nicht verunreinigt werden…"

Sie blickt mich ernst aus ihren graublauen Augen an. Birgit W. ist in ihren Fünfzigern. Eine natürliche, schlanke Frau mit feinen Gesichtszügen und langen, blonden Haaren, die sie sorgsam zurückgekämmt hat.

Sie hält ihrem Freund seit fast dreißig Jahre die Treue. Ist mit ihm durch unzählige Tiefpunkte gegangen. Hat ihn aufgefangen, wenn er wieder einmal zusammengebrochen ist, hat ihn aufgerichtet und ist mit ihm weitergegangen. Es war wohl nicht das erste Mal, dass sie ihm das Leben gerettet hat. Eine Frau, die eigene Interessen stets zurückgesteckt hat, um für ihren seelisch kranken Partner da zu sein. Wie unmodern. Und gerade deshalb so beeindruckend.

„Haben Sie nie daran gedacht, ihn aufzugeben? Das muss doch sehr belastend sein…" Birgit W. schüttelt den Kopf. „Nein, niemals. In all den Jahren habe ich kein einziges Mal daran gedacht, Schluss zu machen. Michael braucht mich."

Das Paar hat keine Kinder, ich frage nicht nach dem Grund. Ich weiß aus Erfahrung, dass Kinderlosigkeit zusammenschweißen kann.

Ein beschauliches Dorf in Niederösterreich an einem Frühlingstag

Ich atme die kühle Luft des frühen Vormittags und spaziere entlang der schmalen Dorfstraße zwischen kleinen Gärten und Scheunen. Der wolkenlose Himmel verspricht einen schönen Frühlingstag. Vogelgezwitscher, ein Bauer grüßt freundlich herüber, von weiter weg hört man eine Kreissäge. Am Land beginnt der Arbeitstag schon früh.

Ich bin zeitig eingetroffen, um den Ort auf mich wirken zu lassen. Schließlich bleibe ich vor dem weiß getünchten, gepflegten Einfamilienhaus stehen. Die rot-weiß-rot gestreiften Absperr-Bänder mit der Aufschrift „Polizei" flattern sachte im Wind. Der Balkon befindet sich im zweiten Stock, er ist großzügig angelegt, die Brüstung besteht aus leicht gewölbten Gitterstäben aus Stahl.

Ein schwarzer Audi fährt vor, zwei Personen steigen aus. Es ist die Untersuchungsrichterin und ihr Praktikant, der einen dicken Akt trägt. Der Staatsanwalt kommt mit einem Dienstfahrzeug der Polizei. Ein hagerer Mann, nicht mehr ganz jung und als überaus ehrgeizig bekannt. Er kommt als letzter, flankiert von zwei Justizwachebeamten: Michael S., ein langjähriger Bewohner dieses Dorfes und jetzt Beschuldigter in einem Strafverfahren wegen sechsfachen versuchten Mordes. Ich klopfe ihm beruhigend auf die Schulter: „Bringen wir es hinter uns." Heute findet im Beisein eines Sachverständigen für Waffentechnik eine Tatrekonstruktion des Vorfalls vom Herbst letzten Jahres statt.

Aus dem ballistischem Gutachten des Sachverständigen für Schusswaffen und Schusswaffenspuren

Die Anzahl der am Tatort aufgefundenen abgefeuerten Patronenhülsen spricht für insgesamt 27 abgegebene Schüsse. Für die Schüsse auf das Carport (2 Stück), die Hauswand (4 Stück), den PKW (…) und das Dienst-KFZ BP-(…) kann als Schützenstandort der südöstliche Balkonbereich des Michael S. angenommen werden. Dabei ist es sehr wahrscheinlich, dass sich der Schütze vornehmlich in einer hockenden/knienden oder liegenden Körperhaltung befunden und zwischen den senkrecht angebrachten Geländersprossen hindurch geschossen hat. Diese An-nahme resultiert aus den teils massiven Schmauchanhaftungen, die insbesondere im unteren Balkongeländerbereich nasschemisch festgestellt wurden. (…) Die Abfolge der einzelnen Schüsse ist nicht festlegbar. Ferner sind die restlichen Schussabgaben weder rekonstruier-, noch die Auffindungsorte der Projektile feststellbar.

Aus dem gerichtspsychiatrischen Gutachten[2]

Tatleitend war aus Sicht des gefertigten Sachverständigen die schwere depressive Episode in Kombination mit der Suizidalität. In dieser Ausprägung entspricht die-se psychische Störung bereits einer seelischen/geistigen Abartigkeit höheren Grades, eine tiefgreifende Bewusstseinsstörung im Sinn des § 11 StGB hat mit an Sicherheit grenzender Wahrscheinlichkeit jedoch nicht vorgelegen. Somit ergibt sich, dass die Zurechnungsfähigkeit des Herrn Michael S. im Tatzeitpunkt stark eingeschränkt, prinzipiell jedoch (gerade noch) erhalten gewesen ist.

Michael S. war zur Tatzeit zurechnungsfähig. Der Staatsanwalt erhebt Anklage wegen sechsfachen versuchten Mordes.

---

[2] *erstellt von Univ. Prof. Dr. Manfred Walzl*

Schwurgerichtssaal

Die Landesgerichte der österreichischen Bundeshauptstädte sehen einander alle irgendwie ähnlich: Hohe Flügeltüren, aufwändige Kassettendecken, breite Richtertische. Altehrwürdige Symbole einer Macht, die Respekt einflößt. Umso größer die Verantwortung derjenigen, in deren Hände sie gelegt ist. Die Entscheidungen der Richter greifen oft tief in die Existenz von Menschen ein, deshalb sollten sie sorgsam und ausgewogen erfolgen. Ob dies immer gelingt, darf bezweifelt werden. Auch Richter sind nur Menschen, und vor unbewussten Einflüssen und Irrtümern nicht gefeit.

Mein Mandant ist soeben über eine Nebentüre hereingeführt worden und hat auf der Anklagebank Platz genommen. Das Blitzlichtgewitter der Pressefotografen lässt er geduldig und mit gesenktem Kopf über sich ergehen. Er wirkt gefasst. Die Ärzte der Justizanstalt haben ihn medikamentös gut eingestellt. Die angeklagten Taten hätten wohl verhindert werden können, wenn er seine Tabletten schon früher regelmäßig genommen hätte.

Die Verhandlung ist für zwei Tage anberaumt, es sind viele Zeugen geladen. Mich erwartet ein hartes Stück Arbeit. Sechsmal versuchter Mord, ein Staatsanwalt, der sich festgebissen hat, und ein komplexer Sachverhalt. Es wird von meiner Kunst als Verteidigerin abhängen, die Aufmerksamkeit der Geschworenen zu bannen, um die Widersprüche der Anklage aufzuzeigen. Die Beweggründe darzulegen, die meinen Mandanten getrieben haben. Die Laienrichter davon zu überzeugen, dass der Angeklagte keinen Tötungsvorsatz hatte.

Es ist einer der ersten heißen Frühsommertage. Hier im Saal ist es dank Klimaanlagen kühl. Freilich können sie nicht verhindern, dass das Klima zusehends emotionell wird. Die Polizisten schilden anschaulich die Todesängste, die sie durchlebt haben. Es sind einfache Landpolizisten, keine Angehörigen von Spezialeinheiten, die mit solchen Situationen vertraut sind. Familienväter, auch eine sympathische junge Frau ist dabei. Der älteste von ihnen leidet immer noch an Alpträumen und Flash-Backs, seit dem Vorfall ist er nur mehr im Innendienst tätig. Der Schuss war nur wenige Zentimeter oberhalb seines Kopfes an der Hausfassade eingeschlagen.

In diesem Anklagepunkt wird Michael S. wegen versuchten Mordes schuldig gesprochen. Dazu ist zu sagen, dass es für eine vorsätzliche Begehungsform bereits ausreicht, dass jemand die verpönte Folge ernsthaft für möglich hält. Eine Absicht ist nicht erforderlich, sie würde erschwerend wirken. Zudem erfolgen Schuldsprüche wegen der erheblichen Sachbeschädigungen und der gegenüber dem Bruder ausgesprochenen gefährlichen Drohung.

In den anderen fünf Fällen hingegen wird er freigesprochen. Der Staatsanwalt blickt missmutig, als er mit mir das Beratungszimmer der Geschworenen verlässt, wo uns soeben das Abstimmungsergebnis mitgeteilt wurde. Ich hingegen bin guter Dinge. Die Strafe wird wohl maßvoll ausfallen, immerhin gibt es vieles, das mildernd für meinen Mandanten spricht, sinniere ich. Seine psychische Erkrankung, das Geständnis, seine bisherige Unbescholtenheit.

Nach wenigen Minuten wird die Verhandlung aufgerufen: Urteilsverkündung in der Strafsache Michael S.!

Der Obmann der Geschworenen erhebt sich und verliest das Abstimmungsergebnis. Danach erheben sich alle und die vorsitzende Richterin verkündet das Urteil: Michael S. hat versucht, den Beamten zu töten. Er ist schuldig wegen versuchten Mordes und wird zu einer Freiheitsstrafe von fünfzehn Jahren verurteilt.

Nach Rücksprache mit meinem Mandanten melde ich Berufung gegen die meiner Meinung nach viel zu hohe Strafe an. Auch der Staatsanwalt beruft, die Strafe ist ihm immer noch zu niedrig.

***

Ein halbes Jahr später bestätigt ein Berufungssenat am Oberlandesgericht die Strafe. „Sie sind zwar unbescholten, doch hier haben wir ein Zusammentreffen mehrerer strafbarer Handlungen. Da sieht die Rechtsprechung keinen Handlungsspielraum für eine Herabsetzung der Strafe vor", erklärt der Richter dem Verurteilten. Und setzt nach: „Aber bei guter Führung können Sie vielleicht nach Verbüßung der Hälfte freikommen, zumindest nach zwei Dritteln."

Michael S. nimmt das Urteil gleichmütig zur Kenntnis. Mit liebevoller Geste verabschiedet er sich von seiner Lebensgefährtin, die der Verhandlung im Publikum gefolgt ist. Ein Kuss ist nicht erlaubt, denn wir sind mitten in der Corona-Zeit.

Danach

Sie verspürt sie jedes Mal, wenn sich die schwere Schiebetüre des Betonklotzes hinter ihr verschließt. Wenn sie ins Leben hinausgeht, während Michael in der Justizanstalt zurückbleibt. Die Traurigkeit. Die Einsamkeit. Das Gefühl, dass der Herbst ihres Lebens längst angebrochen ist. Sie schaltet das Autoradio ein. Sie erkennt es schon an den ersten Noten. Mississippi… Sie liebt dieses Lied seit damals, als sie in Florida auf Hochzeitsreise waren. Die Träume ihrer Jugend sind verflogen. Sie hat viel geopfert, auch ihren Wunsch, Kinder zu haben. Seine Krankheit hat ihr Leben bestimmt. Mississippi… Sie sind nie wieder ans Meer gefahren, weil Michael die Berge so liebte. Der Schmerz des Bedauerns ist in diesem Moment fast schon körperlich spürbar. Eine Schwere lastet auf ihrer Brust, drückt sie, verdunkelt ihre Gedanken. Vorbei ist vorbei, das Vergangene kann man nicht mehr zurückholen, Versäumtes nie mehr nachholen. Und doch haftet dieser Melancholie auch eine eigenartige Wohligkeit an. Gleich einem Abschiedsschmerz, den man verspürt, wenn man weiß: Es musste so kommen. Michael war ihre Bestimmung. Es ist gut, wie es ist.

Menschen mit einer paranoid-querulatorischen Persönlichkeitsstörung weisen eine sensible, leicht kränkbare Disposition auf. Sie zeichnen sich durch rechthaberisches, unbelehrbares, fanatisches Verhalten aus. Meist beginnt es mit bagatellhaften Auseinandersetzungen, aus dem sich schließlich ein umfangreicher Kampf entwickelt, der sich längst vom ursprünglichen Anlass entfernt hat. In den meisten Fällen ist diese Persönlichkeitsstörung nicht wahnhaft. Jedoch gibt es auch Einzelfälle, in denen sich diese Störung entgleist und sich schließlich das Vollbild einer Psychose entwickelt. Eine spezielle Ausprägung dieser Erkrankung ist der Justizverfolgungswahn. Ein literarisches Beispiel ist die Erzählung „Michael Kohlhaas" von Heinrich von Kleist. Sie handelt von dem Pferdehändler Michael Kohlhaas, der gegen ein Unrecht, das man ihm angetan hat, zur Selbstjustiz greift und dabei nach dem Motto handelt: „Fiat iustitia et pereat mundus."[1]

GERECHT

Der Brief stammt vom Insassen einer Justizanstalt. Ich öffne das Kuvert, es enthält mehrere, eng beschriebene Seiten. Die Schrift verrät einen energischen Charakter. Der Verfasser hat den Kugelschreiber so fest aufs Papier gedrückt, dass die Tinte auf der Rückseite durchschimmert. „Ich wende mich an Sie, weil ich gehört habe, dass Sie sich etwas trauen!!! Dass Sie keine Angst haben vor der Obrigkeit!!! Bitte besuchen Sie mich so rasch wie möglich in der Justizanstalt!"

* * *

»Der passt nicht hierher«, denke ich mir spontan, als ich Johann S. das erste Mal in der Haft besuche. Er entspricht geradezu dem Klischee eines schlauen Bäuerleins aus der Steiermark: kleine Statur, Schnurrbärtchen, listig blitzende Augen. Es fehlt eigentlich nur noch der Steirerhut. Johann S. ist tatsächlich Steirer, konkret Obersteirer. Die Leute

---

[1] *lat. für: „Es soll Gerechtigkeit geschehen, auch wenn die Welt daran zugrunde geht."*

dort haben den Ruf, die steirischesten alle Steirer zu sein: geradlinig und stur. Das Bardentrio STS hat diese ursteirische Lebenshaltung in einem bekannten Lied auf den Punkt gebracht:»A Meinung haben, dahinterstehen!«

Johann S. erklärt mir, dass er sich als politischer Häftling fühle. Er beschreibt wortreich allerlei Unbill, das ihm durch Justizwillkür und Behördenschikanen widerfahren sei. Es ist schwierig, seinen Ausführungen zu folgen. Doch sein Fall reizt mich, und ich beschaffe mir die Akten. Es sind mehrere Ordner.

* * *

Alles begann mit einem verlorenen Gerichtsprozess, den der gelernte Schweißer gegen eine obersteirische Gemeinde geführt hatte. Es ging um eine Stromrechnung für sein Grundstück, die er als überhöht beanstandet hatte. Johann S. weigerte sich, das von ihm als ungerecht empfundene Urteil zu akzeptieren. Er berief, erfolglos, erstattete Anzeigen wegen Amtsmissbrauchs und Betrugs. Alle Verfahren wurden eingestellt. Er wollte sich nicht damit abfinden, deckte das Gericht mit Beschwerdebriefen ein. Als alles nichts nützte, nahmen seine Eingaben an verbaler Schärfe zu. Erste Drohungen von wegen»Ohr abschneiden" oder»Knie zertrümmern« tauchten in seinen Schreiben auf. Grund genug, um gegen Johann S. ein Strafverfahren wegen gefährlicher Drohung einzuleiten und ihn zu einer bedingten Haftstrafe zu verurteilen.

Das machte die Sache nicht besser. Im Gegenteil, die Streitlust von Johann S. wurde dadurch offenbar noch angespornt. Er legte sich mit einem Nachbarn an, wurde von diesem geklagt, verlor den Prozess. Weitere Eingaben und Beschwerden folgten. Die Justiz weigerte sich, den Querulanten ernst zu nehmen. Als ihm ein Gerichtspräsident seinen Beschwerdebrief mit dem als höhnisch empfundenen Kommentar »Gesehen – in die Ablage« retournierte, platzte Johann S. der Kragen. Er verschaffte sich durch einen seitenlangen Brief an den Gerichtspräsidenten Luft. In diesem Schreiben beschimpfte er die Richter und Staatsanwälte seines Gerichtssprengels als»Verbrechergesindel« und erklärte, dass er in seinem »berechtigten bewaffneten Widerstand gegen die Republik Österreich sein Leben opfern" würde, „im Kampf um Recht und Gerechtigkeit." Am Schluss seines Pamphlets kündigte er eine »spektakuläre Geiselnahme von Richtern, Staatsanwälten und Polizeibeamten« an, um endlich eine »Untersuchung der Fehlurteile zu erzwingen«, und zwar durch die »Bundesregierung, sprich ein korrumpiertes Staatswesen«.

Die Behörde reagierte nun endlich. Johann S. erhielt eine Vorladung der Kriminalpolizei.

Doch dazu sollte es nicht mehr kommen. Als Johann S. die Ladung in seinem Briefkasten vorfand, fasste er den Entschluss, »die Medien durch eine spektakuläre Aktion« auf sich aufmerksam zu machen. Er rief seinen Chef auf dessen Handy an und forderte ihn auf, umgehend die polizeiliche Sondereinsatztruppe »Cobra« zu kontaktieren. Die Polizisten sollten aber gar nicht erst versuchen, seine Wohnung zu stürmen: Er habe eine Autostopperin in seiner Gewalt und würde die ganze Wohnung samt Geisel »in die Luft jagen«, wenn man seinen Anordnungen keine Folge leisten würde. Der Vorgesetzte informierte umgehend die Polizei.

Wie es bei Geisellagen vorgesehen ist, wurde zunächst ein Verhandlungsspezialist der Polizei eingesetzt, um durch Gespräche mit dem Geiselnehmer eine Deeskalation zu erreichen. Doch mit Johann S. war nicht zu verhandeln. Er beharrte darauf, dass sein Fall sofort wieder aufzurollen und eine Untersuchung einzuleiten wäre. Er wollte nicht mit der Polizei, sondern mit dem Gerichtspräsidenten persönlich sprechen.

In den frühen Morgenstunden des folgenden Tages war es dann soweit: Die Wohnung wurde von einem Dutzend schwerbewaffneter Elitepolizisten der Sondereinsatzgruppe „Cobra" gestürmt. Johann S. wurde in einer Decke eingehüllt unter einer Bank gefunden. Er war allein, von einer Geisel keine Spur. Er hatte sich mit Benzin übergossen, um sich, wie er später angab, einer Verhaftung „durch Selbstanzündung" zu entziehen. Dazu war es zum Glück nicht gekommen. Johann S. ließ sich widerstandslos festnehmen.

Monate später stand er vor Gericht: Wegen der Vergehen des Widerstands gegen die Staatsgewalt, der gefährlichen Drohung – und des „Verbrechens der Nötigung der Bundesregierung"! Ein äußerst seltenes Delikt, zuletzt war es beim berüchtigten Bombenbauer Franz Fuchs zur Anwendung gekommen.

Die Staatsanwaltschaft hatte zudem ein psychiatrisches Sachverständigengutachten über seinen Geisteszustand in Auftrag gegeben. Dieses ergab eine »querulatorische paranoide Grundstörung« und »Symptome einer paranoiden Erlebnisverarbeitung«. Für den Tatzeitraum jedoch, so der Sachverständige, fänden sich keinerlei Hinweise dafür, »dass beim Untersuchten wahnhafte Verkennungen, schwere Affektstörungen oder Bewusstseinsbeeinträchtigungen vorgelegen« hätten.

Damit war Johann S. für seine Straftaten voll verantwortlich. Er wurde zu einer zweijährigen Haftstrafe verurteilt. Da er seine Taten jedoch unter dem Einfluss einer – so die juristische Definition seiner schweren psychischen Erkrankung – »geistig seelischen Abartigkeit höheren Grades« begangen hat, ordnete das Gericht seine Unterbringung in einer Anstalt für geistig abnorme Rechtsbrecher an. Der Gutachter stellte Herrn S. zudem eine negative Zukunftsprognose aus: Es sei »zu befürchten, dass die Krankheit fortschreitet«.

* * *

Mit diesem Urteil wollte Johann S. sich freilich nicht abfinden. Er erhob Nichtigkeitsbeschwerde an den Obersten Gerichtshof.

Seitdem wartet er in der Justizanstalt Wien-Josefstadt als »Passant«, wie es im Justizvollzugsjargon heißt, auf seine Berufungsverhandlung im Justizpalast. Ein Mithäftling hat ihm mich als »eine, die sich was traut« empfohlen.

Inzwischen hat mich auch seine in der Steiermark lebende Schwester kontaktiert. Nachdem sie ihren Bruder im Gefängnis besucht hat, kommt sie zu einem Termin in meine Kanzlei. Von ihr erfahre ich viel über Johann S. und sein Leben. Ihr Bruder sei ein »blitzgescheiter« Mensch, erklärt sie mir voller Bewunderung: »Was der alles weiß!« Und ein geschickter Handwerker sei er obendrein. Beruflich sei er jahrelang unterwegs auf Montage gewesen, auch im Ausland. Dadurch hätte er leider kaum Gelegenheit gehabt, eine dauerhafte Partnerschaft einzugehen. Eine Frau, die er sehr geliebt hatte und mit der er eine Familie gründen habe wollen, habe ihn verlassen. Das sei ein schwerer Schlag gewesen. Von da an sei der Einzelgänger immer eigenbrötlerischer geworden. „Und dann hat das mit dem Herumprozessieren begonnen. Ein richtiger Prozesshansel ist er geworden!" Aber ihr Bruder habe sich nichts sagen lassen, schon gar nicht von seiner kleinen Schwester.

* * *

Johann S. schreibt mir indes weiterhin lange Briefe in dicken Kuverts. Er beschwert sich über allerlei Unbill, das ihm in der Justizanstalt widerfahren würde. Dort ist man freilich schwierige Insassen gewöhnt, und so findet sich auch für Johann S. ein passender Zellengenosse, der mit ihm eine Zwei-Mann-Zelle teilt. Als dieser Juri, ein Russe, entlassen wird, bleibt Johann S. mit seinen düsteren Gedanken allein zurück. *»Juri war der Einzige, mit dem ich mich hier normal unterhalten konnte!«*, schreibt er mir. Seine Briefe werden immer wunderlicher. Die Einzelhaft tut ihm nicht gut. Aber mit dem üblichen Häfen-Klientel – jugendliche Gewalttäter und Drogendealer – hätte er gewiss kein Auskommen gehabt.

* * *

Die Berufungsverhandlung dauert gerade mal zehn Minuten. Die Berufung, die noch mein Vorgänger, ein Pflichtverteidiger, verfasst hat, wird erwartungsgemäß abgewiesen. Johann S. wird abgeführt und in die Justizanstalt zurückgebracht.

Ich bin gerade im Auto zu einem Auswärtstermin unterwegs, als im Radio von einer Geiselnahme eines „offenbar psychisch verwirrten Insassen der Justizanstalt Wien-Josefstadt" berichtet wird.

Ich rufe sofort bei der Anstaltsleitung an. Mir wird lediglich mitgeteilt, dass mein Mandant nach Göllersdorf im Weinviertel in die dortige Sonder-Justizanstalt für geistig abnorme Rechtsbrecher verlegt wurde. Ein Besuch ist derzeit nicht möglich, da er aufgrund der verabreichten Psychopharmaka nicht ansprechbar ist.

Ein paar Tage später liegen die polizeilichen Erhebungsberichte vor. Demnach hat Johann S. die junge Anstaltsärztin und einen Pfleger mit einem selbst gebastelten »Speer« und einer Schere bedroht, als sie ihn in seiner Zelle aufsuchten. Der »Speer« bestand aus einem Besenstil, an dem Johann S. mit Schnüren eine am Hals abgebrochene Glasflasche befestigt hatte. Während der Pfleger aus der Zelle flüchten konnte, verfiel die Ärztin in eine Schockstarre. Unfähig, sich zu bewegen, kauerte sie in einem Winkel der kleinen Zelle. Da schritt der Justizwachebeamte Erich E. beherzt ein. Er ergriff einen Stuhl und versuchte, den lauthals brüllenden Johann S. zu überwältigen. Während Erich E. den Tobenden in Schach hielt, indem er ihn mit dem Stuhl gegen die Wand drückte, gelang der Ärztin mit Hilfe eines anderen Justizwachebeamten die Flucht. Johann S. fuchtelte wild mit seinem »Speer« um sich und traf dabei Erich E. am Oberkörper, wo er ihm tiefe Stichwunden zufügte. Nachdem die Ärztin gerettet war, ließ der verletzte Erich E. den Stuhl los und sprang aus der Zelle, die sofort verbarrikadiert wurde. Johann S. tobte und brüllte drinnen weiter. Als ein Beamter den Zellentürschlitz kurz öffnete, schoss der Speer heraus! Die Beamten sahen schließlich keine andere Möglichkeit mehr, als Johann S. mit Hilfe von Tränengas, das sie durch den Türschlitz in die Zelle strömen ließen, zu betäuben.

* * *

Als es Johann S. wieder besser geht, schildert er mir in einem Brief aus Göllersdorf den Vorfall aus seiner Sicht:»*Als am Freitag um 7 Uhr die Haftraumtüre aufgesperrt wurde, hatte der Stockchef E. Dienst. Bestens auf meine Aktion vorbereitet, war ich nicht die Spur von nervös. Um 14 Uhr war die Visite angesagt. Zur Visite kamen Frau Dr. T. mit einem Pfleger. Es gab ein kurzes Gespräch, ich zeigte ihnen mein neues Poster an der Wand. Meine Nerven waren zum Zerreißen gespannt. Da zog ich plötzlich meine waffenähnlichen Gebilde aus der Hosentasche und sagte ganz ruhig und bestimmt: Niemand passiert etwas. Bleibt ruhig und macht genau, was ich sage. Alles lief zunächst gut. Die junge Frau Dr. T. wirkte gefasst und begab sich in die Ecke des Haftraumes. Doch plötzlich stürmte, wie ein wildgewordener Ziegenbock, der Stockchef E. auf mich los und rannte schnurstracks in meine ausgestreckte Hand, wo ich verkrampft die Schere gehalten habe! Ein totales Chaos war die Folge, einen Kampf hatte ich nicht eingeplant! Schlussendlich warf ich die Schere und den Stock mit der Glasscherbe weg und als zuletzt noch der Stockchef E. mit einem eisernen Stuhl auf mich los ging, jagte ich allesamt aus dem Haftraum.*«

Weitere Briefe folgen, in denen er beteuert, niemals Gewalt anwenden habe wollen:»*Mein Ziel war es, ohne Gewaltanwendung, lediglich durch Drohgebärden, mich mit der zur Visite kommenden Ärztin in meinem Haftraum zu verbarrikadieren, um durch diese spektakuläre Aktion wieder einmal die Medienöffentlichkeit auf meine Notsituation aufmerksam zu machen, um so Druck auf die Ärzteschaft und vor allem die Bundesregierung zu machen.*«

* * *

Die Staatsanwaltschaft sieht das freilich anders. Sie erhebt gegen Johann S. Anklage wegen versuchten Mordes erhoben.

Als ich Johann S. in Göllersdorf besuche, bin ich von seinem Anblick erschüttert: Aus dem energischen Mann mit den blitzenden graublauen Augen ist ein graues Männchen mit leiser, gebrochener Stimme geworden. Die starken Psychopharmaka haben das geschafft, was Gesetze und Gerichtsurteile offenbar nicht erreichen konnten: Seine Kraft und sein energischer Wille sind gebrochen.

* * *

Der Prozess gegen Johann S. findet wenige Monate später am Landesgericht für Strafsachen Wien statt. Der Angeklagte sitzt wie ein Häufchen Elend vor den drei Berufsrichtern und acht Geschworenen. Mit gesenktem Blick beantwortet er gehorsam die an ihn gestellten Fragen.

In meinem Plädoyer hebe ich hervor, dass mein Mandant zu keinem Zeitpunkt den Vorsatz hatte, körperliche Gewalt anzuwenden, geschweige denn jemanden zu töten. Die Situation sei für ihn völlig unerwartet eskaliert. Er habe mit seiner selbst gebastelten Waffe erst zugestoßen, als er sich in die Enge gedrängt fühlte. Ich versuche, den Geschworenen verständlich zu machen, wie und warum Johann S. der Mensch geworden ist, der heute vor ihnen als Angeklagter sitzt. Erzähle von seiner tiefen Verzweiflung über die von ihm als ungerecht empfundenen Gerichtsurteile, aber auch von seiner Einsamkeit und von seinem Gefühl, nicht verstanden zu werden. Ich zitiere aus den Briefen, die er mir geschrieben hat. Auch mir ist erst im Nachhinein klargeworden, wie groß der Leidensdruck bei ihm gewesen sein muss. Auch ich habe seine Hilferufe nicht gehört, seine energischen Zeilen falsch interpretiert.

Und ich werfe die Frage auf, ob diese pathologische Entwicklung nicht zu verhindern gewesen wäre: Wenn man Johann S. und seine Anliegen von Anbeginn an ernst genommen hätte. Jeder ist in seinem Leben mit Behördenwillkür, mancher auch mit ungerechten Gerichtsurteilen konfrontiert. So betrüblich das sein mag, die meisten Menschen werden damit fertig. Aber es gibt auch Menschen wie Johann S., die aufgrund ihrer Persönlichkeitsstruktur nicht einfach wieder zur Tagesordnung übergehen können, sondern stattdessen um ihr – wenn auch oft nur vermeintliches – Recht weiterkämpfen und sich allmählich in einen Justizverfolgungswahn hineinsteigern. Ich scheue mich nicht davor, Kritik zu üben. An der Obrigkeit, die sich manchmal unfehlbar wähnt und Menschen wie Johann S. ungerührt abblitzen lässt. Dass das nicht immer gut geht, zeigen die blutigen Tragödien, die sich immer wieder bei Gericht ereignen ...

Das Gericht hat auch ein neues psychiatrisches Gutachten über Johann S. einholen lassen. Der Seelen-Experte erläutert den interessiert lauschenden Geschworenen, dass sich beim Angeklagten die »psychische Fehlentwicklung kontinuierlich fortgesetzt« habe. Mittlerweile sei das »Vollbild einer anhaltend wahnhaften Störung im Sinne einer Paranoia« entwickelt. Das oft blumige Fachvokabular der Psychiater fasziniert mich immer wieder. Wir Laien würden es einfacher ausdrücken: Johann S. lebt in seiner eigenen Welt.

* * *

Die junge Ärztin, die Johann S. in seiner Zelle als Geisel genommen hatte, wird in den Zeugenstand gerufen. Es fällt ihr sichtlich schwer, über das Geschehen zu berichten. Ihre Stimme klingt so leise, dass die Protokollführerin sie ein paar Mal ersuchen muss, das Mikrophon näher zu rücken. Immer wieder gerät sie ins Stocken, beginnt auch einmal zu weinen. Sie hat den Dienst in der Justizanstalt quittierten müssen, da sie psychisch dazu nicht mehr in der Lage ist.

Nach ihrer Aussage ist der Justizwachebeamte Erich E. an der Reihe. Er ist immer noch im Dienst. Der Staatsanwalt bittet ihn, sein Hemd hoch zu ziehen. Die erschrockenen Geschworenen erblicken tiefe, rote Narben auf Brust und Bauch.

* * *

Danach ziehen sich die Geschworenen zur Beratung zurück. Ich hoffe, dass sie meinem Plädoyer folgen werden.

Es dauert nur kurz, schon nach einer Stunde werden der Staatsanwalt und ich ins Beratungszimmer gerufen: Johann S. wird von der gegen ihn erhobenen Anklage wegen Mordes freigesprochen! Die Geschworenen sind zum Schluss gekommen, dass er zur Tatzeit aufgrund seiner psychischen Störung nicht mehr steuerungsfähig und damit unzurechnungsfähig war. Er kann für seine Tat nicht verantwortlich gemacht werden.

Freilich kann einer wie Johann S. nicht auf die Menschheit losgelassen werden. Das Gericht beschließt seine Einweisung in eine Anstalt für geistig abnorme Rechtsbrecher, wo seine schwere psychische Krankheit behandelt werden soll. Eine Entlassung kommt erst in Frage, wenn aufgrund weiterer psychiatrischer Gutachten gesichert ist, dass keine Gefahr mehr von ihm ausgeht. Eine zeitliche Grenze ist nicht vorgesehen.

Johann S. stört das nicht. »Ich bin kein Mörder. Und wollte daher auch nicht als Mörder verurteilt werden!«, bedankt er sich freudenstrahlend bei mir, bevor er abgeführt wird.

Der Prozess war aufsehenerregend genug, dass sich auch zahlreiche Journalisten eingefunden hatten. Tags darauf lese ich die Berichte in den Zeitungen, wo meinem Mandanten ein reißerischer Name verpasst wurde: »Horror-Hans«.

So schnell wird aus einem Prozesshansl ein »Horror-Hans«, denke ich mir kopfschüttelnd.

* * *

Es ist ein schöner Herbsttag. Der beschauliche Ort Göllersdorf liegt eingebettet zwischen den Weinbergen des südlichen Weinviertels. Kleine Bauernhäuser reihen sich um ein hübsches Kirchlein, die Straßen haben teils noch Kopfsteinpflaster. Die Justizanstalt liegt am Rande des Dorfes in einem ehemaligen Kloster. Hier sind ausschließlich Rechtsbrecher untergebracht, die ihre Taten unter dem Einfluss einer schweren psychischen Erkrankung begangen haben.

Im Besucherzimmer merkt man kaum, dass man sich in einem Gefängnis befindet: Bunte, von Insassen gemalte Bilder an den Wänden, kleine Vasen an den Tischen. Nach wenigen Minuten betritt Johann S. den Raum. Er lächelt mich schüchtern an. Blass ist er, wie alle Langzeithäftlinge. Wir reichen uns die Hände, seine ist kraftlos und schlaff.

Im Gespräch bleibt er einsilbig, aber freundlich. Er spricht seine Worte bedächtig aus. Er fühle sich hier wohl, was ihn aber störe: Die Therapeutin wolle mit ihm immerzu alles „aufarbeiten", er aber wolle „endlich abschließen". Jetzt lächelt er nicht mehr. Ich erkläre ihm, dass er seine psychische Krankheit wohl nur in den Griff bekommen kann, wenn er sich der Aufarbeitung der Vergangenheit stellt. Er nickt stumm.

„Ihre Schwester hat mich wieder beauftragt", erkläre ich ihm weiter. „Sie sind jetzt schon drei Jahre hier. Es ist an der Zeit, eine Entlassung aus der Unterbringung anzudenken. Sie wissen aber, dass Sie Ihre Depotmedikation auch in Freiheit, wahrscheinlich für den Rest Ihres Lebens, fortsetzen müssen?" Wieder nickt er stumm.

Bevor ich gehe, bleibe ich an der Vitrine mit Töpferware und Bastelarbeiten stehen, die von Insassen hergestellt wurden. Erstaunlich, wie kreativ diese Menschen sind, denke ich mir beim Anblick einer originell gestalteten Kette aus blauer Pappmaché. Da tritt Johann S. hinzu, nimmt sie heraus und schenkt sie mir. Jetzt lächelt er wieder.

* * *

Ein Jahr später. Johann S. lebt inzwischen in einer Wohngruppe. Er bekommt regelmäßig Ausgänge, die er zumeist in der Steiermark bei seiner Schwester verbringt. Wie ich später erfahre, ist er jedes Mal pünktlich genau auf die Minute in die Wohngruppe zurückgekehrt. Alles ist sozusagen „auf Schiene", und ich habe schon länger nichts mehr von ihm gehört.

Als ich an diesem ganz normalen Mittwoch-Morgen die Zeitungen aufschlage, springt mir eine Schlagzeile entgegen: „Horror-Hans ist flüchtig! Die Behörden sind in Alarmbereitschaft!" Es wird von der damaligen Geiselnahme und dem Mordversuch berichtet, und: „Es ist höchste Vorsicht geboten. Der entflohene Häftling ist geisteskrank und gemeingefährlich!"

Johann S. bleibt verschwunden. Tagelang. Seine Schwester ist völlig verzweifelt: „Wieso hat er sich nicht gemeldet? Das ist nicht seine Art!"

Eine Woche später klärt sich das Verschwinden. Johann S. ist tot. Er hat sich im Wald an einem Ast erhängt.

Zu Beginn einer Beziehung ist jeder und jede „Feuer und Flamme", will ohne den geliebten Partner nicht mehr sein. Es ist normal, eine neue, frische Liebe auskosten zu wollen. Doch nach der Phase der Verliebtheit kehren nach und nach wieder andere Interessen, der Beruf und die Freunde zurück. Es gibt jedoch auch Menschen, die ihr ganzes Leben einzig und allein auf ihre Partnerschaft ausrichten. Das wird mitunter als wahre Liebe missverstanden. In Wirklichkeit bergen solche Abhängigkeiten große Gefahren. Es sind oft Menschen mit geringem Selbstwertgefühl, die sich ausschließlich über den Partner definieren. Die folglich keine eigenen Wünsche, Ziele und Interessen entwickeln. Wenn der geliebte Partner eines Tages aus der Beziehung ausbricht, bleibt der Abhängige auf der Strecke. Er hat nichts mehr, auf das er bauen kann. Er hat es verlernt, auch alleine glücklich sein zu können. Er steht vor den Trümmern seines Lebens.

MITTEN INS HERZ

Haftraum einer Justizanstalt

Warum?

Der Schmerz bohrt sich scharf in sein Gehirn. Gleich einem Speer, wütend stochernd, immer tiefer eindringend, bis in die innersten Windungen, alles zerstörend.

Er schreckt hoch. Pochende Kopfschmerzen. Schweißperlen auf der Stirn. Die Augen brennen. Die Leuchtziffern seiner Casio-Armbanduhr zeigen kurz nach drei Uhr morgens. Es ist die Zeit, zu der er an diesem Ort regelmäßig aufwacht. Durch die vergitterten Fenster dringt fahles Scheinwerferlicht. Er liegt regungslos in seinem Bett und lauscht den für ihn ungewohnten Geräuschen. Dem regelmäßigen, pfeifenden Schnarchen seines Zellengenossen. Dem sanften Gluckern aus dem Heizkörper.

Warum?

***

Es hätte der Beginn ihrer schönsten Jahre sein sollen. Die Kinder aus dem Gröbsten raus, die älteren Beiden erfolgreich studierend, die Jüngste wohnt noch daheim. Im neu erbauten Haus, das sie erst im Vorjahr bezogen haben. Er hat viel Zeit und Geld in diesen Lebenstraum investiert. Sein ganzer Stolz gilt dem Garten, dessen Pflege er seine Freizeit widmet. Dany versteht sich hingegen auf die Inneneinrichtung, die sie geschmackvoll in harmonisch aufeinander abgestimmten Farbtönen gestaltet hat.

Wie stolz er damals gewesen war, die Schönste des Abschlussjahres der Modeschule erobert zu haben. Er, der aus ärmlichen Verhältnissen stammte. Der nichts vorweisen konnte als eine Aussicht auf eine große Karriere als Berufsfußballer. Er spielte damals in einer aufstrebenden Mannschaft der Landesliga. Die auffallend hübsche Blondine mit den leuchtend blauen Augen kam aus gutbürgerlichem Haus. „Wickerl, die ist nichts für dich", hatten seine Kollegen noch gewitzelt, was ihn umso mehr darin bestärkte, um sie zu werben. „Du warst ganz anders als deine Freunde. Nicht so laut, nicht so draufgängerisch. Ein schüchterner Bursch warst du. Aber man hat dir angemerkt, dass du deinen Weg machen wirst", erzählte Dany ihm später. Sie hatte sich Knall und Fall in den stillen, aber gutaussehenden Habenichts verliebt.

Ein Jahr später waren Viktor und Dany ein Ehepaar.

Nach dem zweiten Kind beendete er seine Sportlerkarriere und pachtete ein abgewirtschaftetes Gasthaus, das er mit dem ihm eigenen Ehrgeiz in ein gutgehendes Lokal verwandelte. Natürlich hätte er all das ohne Dany nicht geschafft. Sie unterstützte ihn tatkräftig, und so mancher Gast kehrte wegen ihres charmanten Auftretens gerne ein. Viele beneideten ihn um sein Familienglück, dessen war er sich gewiss.

***

Das Grundstück liegt wunderschön am Waldesrand. „Dort werden wir unseren Lebenstraum verwirklichen. Unser kleines Paradies errichten", verspricht er ihr, und wirbelt mit den Füßen das frische Herbstlaub auf. Sie umarmen sich.

***

Warum? Die Frage zermartert sein Gehirn. Dreht und wendet sich darin, durchdringt sein gesamtes Denken und Dasein.

War der Beginn dieses Lebenstraums auch der Anfang von dessen Ende? Die Selbstvorwürfe sind das Schlimmste. Hatte er zu viel Zeit und Energie in das Hausprojekt investiert, und dabei Dany vernachlässigt?

***

Sie hat sich nicht einmal die Mühe gemacht, es vor ihm zu verheimlichen. „Ich wünsche dir ein wunderschönes neues Jahr. Mögen alle deine Wünsche in Erfüllung gehen!" Neben dem Text hat der Verfasser ein rotes Herzchen gemalt. Die kleine Karte ist mit einer zarten blauen Schleife an einem runden Flakon befestigt. Der Fund im Badezimmerschrank hat seine schlimmsten Befürchtungen bestätigt. Er öffnet den goldverzierten Stöpsel, schnuppert den Duft des Parfüms. Er ist süßlich und schwer.

Tagelang ringt er mit sich: Soll ich es ihr auf den Kopf zusagen? Oder besser zuwarten, bis ein handfester Beweis da ist?

Dany weiß nicht, dass er an ihrem Renault Clio einen Peilsender angebracht hat. Dabei hat er herausgefunden, dass sie ihn immer zur selben Zeit im Einkaufszentrum parkt. Nicht um einzukaufen. Sondern, davon ist Viktor inzwischen überzeugt, um ihren heimlichen Geliebten zu treffen. Einem früheren Fußballerkollegen, der immer schon als Schürzenjäger gegolten hatte und jetzt frisch geschieden ist. Sie betrügt mich mit ihm, davon ist er jetzt felsenfest überzeugt.

Als sie an diesem frühen Abend, angeblich vom Einkaufen, heim-kommt, trägt sie das Parfüm. Unverkennbar. Jetzt kann er es nicht mehr zurückhalten. „Du warst wieder bei ihm!" Seine Stimme hat einen eigenartigen Klang, was ihn erstaunt. Ihr verächtliches Lachen brennt sich mitten in sein Herz. Sie hat es gestanden! Sie hat ihn schon die ganze Zeit hinters Licht geführt. Ihre gemeinsame Liebe verraten. Sein perfekt geglaubtes Leben sackt innerhalb weniger Augenblicke zusammen.

Das Messer blitzt in gleißendem Licht.

Danach setzt seine Erinnerung aus.

Vernehmungszone einer Justizanstalt

Er sieht anders aus als auf den Zeitungsfotos. Sein kantiges Gesicht wirkt verhärmt, die Augen blicken mich aus dunklen Höhlen an. Seine rechte Hand ist mit weißem Stoff verbunden. Er hat sich bei der Tat verletzt.

„Warum habe ich das getan… Ich kann es mir nicht verzeihen… Warum…" Ich habe inzwischen seine vor der Kriminalpolizei abgelegte Aussage durchgelesen. Er hat viele Erinnerungslücken. Die eigentliche Tathandlung hat sein Bewusstsein offenbar ausgeblendet. Sein psychischer Zustand ist so angeschlagen, dass ich ihm den Obduktionsbefund nicht zeige. Die Frau ist an mehreren Stichverletzungen am Hals und Oberkörper verstorben. Einer davon traf ins Herz. Trotzdem muss es kein Mord sein, auch Totschlag sei möglich, ziehe ich mich in die juristische Argumentation zurück. Wegen des Sogs der Situation, der ihn mitgerissen habe: „Es sind oft nur Sekundenbruchteile, innerhalb derer die Steuerungsfähigkeit aussetzt. Sie sind kein Mörder!" Er blickt zu Boden und sagt: „Sie sprechen so gut zu mir. So gute Worte. Aber ich weiß, dass Sie das nur sagen, um mich zu trösten."

***

Später betrachte ich die Zeitungsfotos, die von den Journalisten offenbar aus diversen „social media"-Plattformen heruntergeladen wurden. Mein Mandant trägt eine helle Anzugsjacke über einem gemusterten, offenen Hemd. Über seinen Augen befindet sich ein dicker schwarzer Balken, doch sie haben sich nicht die Mühe gemacht, das Gesicht des Opfers, seiner Frau, zu verpixeln. Es ist von weichen, goldbraunen Locken umrahmt, auch sie ist elegant und hell gekleidet. Offenbar wurde das Foto an einem feierlichen Anlass aufgenommen. Sie waren ein schönes Paar in ihren Vierzigern.

***

Ich habe mich damit einverstanden erklärt, dass meine Telefonnummer für ihn freigeschaltet wird. Seitdem ruft er mich regelmäßig an, vor allem an den Wochenenden. Eine Zeit, die im Gefängnis besonders zäh dahinfließt. Immer und immer wieder erkläre ich ihm dasselbe: Die weiteren Verfahrensschritte, den Unterschied zwischen Mord und Totschlag, und dass die Zeit der Untersuchungshaft am schlimmsten sei. Und auch er wiederholt sich: „Sie sagen das alles nur, um mich zu trösten…"

In den Zeugenaussagen der Kinder ist nachzulesen, dass das Familienleben „harmonisch" gewesen sei. Da war keine Gewalt. Er war ein fürsorglicher, verantwortungsbewusster Vater.

Und dennoch haben die Kinder sich von ihm losgesagt. „Das ist eine verständliche Reaktion", erkläre ich ihm. „Aber Ihre Kinder werden eines Tages wieder auf Sie zukommen. Sie werden eine Antwort auf ihre schmerzlichen Fragen haben wollen. Ja, und da bin ich mir sicher, eines Tages werden sie auch verstehen."

„Das sagen Sie nur, um mich zu trösten", erklärt er mir mit seinen traurigen Augen.

***

Dann reißt der Kontakt ab. Er ruft nicht mehr an. Ich habe gerade viele Verhandlungen und kann ihn daher eine Zeitlang nicht besuchen. Als ich endlich wieder bei ihm bin, erfahre ich von den Justizwachebeamten, dass er ein paar Tage „im Keller" war. Zu seiner eigenen Sicherheit. Ich frage nicht nach. Mir kommt vor, dass es ihm ein bisschen besser geht.

***

Das gerichtspsychiatrische Gutachten fällt günstig für meine Verteidigungslinie aus. Die Persönlichkeit meines Mandanten sei zwar narzisstisch und paranoid akzentuiert, was seine Neigung zur Eifersucht in der Partnerschaft erkläre. Aber er weise keine Persönlichkeitsstörung auf, und schon gar nicht sei er ein aggressiver Mensch. In den Monaten und Wochen vor der Tat habe er eine Belastungsreaktion erlitten, die darauf zurückzuführen sei, dass er ein außereheliches Verhältnis seiner Frau vermutete. Seine heile Welt sei aus den Fugen geraten. Am Tattag hätte der Geruch des Parfüms und ihr vermeintliches Geständnis ausgereicht, um eine heftige Affekt-Reaktion auszulösen.

Das spricht für Totschlag.

Als ich das Gutachten mit meinem Mandanten bespreche, schüttelt er traurig den Kopf und sagt: „Sie sagen das doch nur, um mich zu trösten."

***

Es ist später Abend und ich war schon eingeschlafen, als mein Handy läutet. Es liegt im meinem Arbeitszimmer nebenan am Ladegerät. Ich gehe nicht ran, für heute habe ich genug gearbeitet. Doch der Anrufer bleibt hartnäckig. Schließlich raffe ich mich auf und hebe ab. Es ist ein Journalist: „Wissen Sie, dass Ihr Mandant Viktor E. im Gefängnis Selbstmord begangen hat?"

Später erfahre ich, dass er mit schweren Gehirnverletzungen überlebt hat und im Koma liegt. Die Prognose sieht schlecht aus, es hat sich ein Hirnödem entwickelt. Tags darauf erfahre ich von einem Verwandten von seinem Ableben.

Die Medien berichten nur im Kleingedruckten, und schon einen Tag später ist die Geschichte gegessen. Meine kritischen Worte, wonach Menschen in solchen Situationen eine intensive psychologische Betreuung zuteilwerden sollte, verhallen ungehört. „Er war ein Mörder, gut dass er tot ist", ist in Leser-Postings nachzulesen.

***

Mein Leben ist ausgefüllt mit Gerichtsverhandlungen, Klienten die mich täglich brauchen, kleinen und großen Schicksalen. Da bleibt nicht viel Zeit zum Nachdenken. Und doch kommt er mir in den folgenden Wochen immer wieder in den Sinn, der tragische Selbstmord meines Mandanten Viktor E. Hätte ich es verhindern können? Dann treffe ich bei Gericht zufällig die Gerichtspsychiaterin, die damals das Gutachten erstellt hatte. Sie erklärt mir, dass Viktor E. sich geradezu symbiotisch mit seiner Frau verbunden gefühlt habe. Aus seiner Sicht war diese Beziehung heilig. Unzertrennlich. Bis zum Tod.

Nein, ich hätte es nicht verhindern können. Die Seele dieses Menschen hatte sich verirrt in düstere Gedanken, sein Gehirn war zermartert von quälenden Zweifeln und Eifersucht. Sie hatten ihn immer tiefer in einen unheilvollen Strudel ohne Ausweg getrieben. Bis hin zu jenen wenigen Sekunden, die das Leben seiner schönen Frau auslöschten und seines für immer zerstörten.

Danach konnte er nicht mehr weiterleben.

Die Kinder dieses Paares werden jedoch weiterleben müssen, ohne jemals Antworten zu erhalten. Gut, dass ihr Vater tot ist?

Bei schwersten, unheilbaren Erkrankungen erlaubt es das österreichische Sterbeverfügungsgesetz, dem Totgeweihten im Fall eines selbst gewählten Freitodes aktiv beizustehen. Die Voraussetzungen für diesen „assistierten Suizid", wie der juristische Fachausdruck lautet, sind freilich äußerst streng geregelt. Das Gesetz sieht ein kompliziertes, mehrstufiges Verfahren vor, in das Ärzte, Psychologen, Notare und Apotheker eingebunden sind.

In der Praxis werden sterbenskranke Menschen und ihre Angehörigen jedoch häufig von der grausamen Wirklichkeit überrollt. Sie geraten in einen Strudel von Gefühlen aus Hoffen, Bangen bis hin zu tiefster Verzweiflung, sind zu rationalen Entscheidungen längst nicht mehr fähig. Wie so oft scheitert ein kompliziertes, gut gemeintes Gesetzeswerk an der Lebensrealität. Die Pflege eines Todkranken kann Menschen an den Rand ihrer psychischen Belastbarkeit bringen. Manchmal sogar darüber hinaus…

ERLÖSUNG

Das Warten. Ich werde mich nie daran gewöhnen. Bedächtig rühre ich im Milchschaum meines Capuccino, den ich an diesem Nachmittag in einem kleinen Café unweit des Landesgerichts genieße. In der daran angeschlossenen Justizanstalt wartet mein Mandant auf den Wahrspruch der Geschworenen. Für ihn werden diese Stunden wohl unvergleichbar quälender sein. Er hat mir leidgetan heute Morgen. Ein schmaler Mensch mit wächserner Haut und kurzen, grauen Haaren, der wie ein Häufchen Elend in Handschellen und eingezwängt zwischen zwei Justizwachebeamten vorgeführt wurde. Er hielt sich eine große Mappe vors Gesicht, um es vor dem Blitzlichtgewitter der Fotografen zu verbergen. Wir mussten noch ein paar Minuten vor dem Saal warten, da sich ein Geschworener verspätet hatte. Während er mit gesenktem Kopf da saß, erledigte ich noch rasch ein paar Telefonate.

Im Anwaltsalltag kann man sich nicht allzu viele Gefühle leisten.

***

Die Verhandlung dauerte nur wenige Stunden, das Programm war nicht sonderlich umfangreich. Die Sohn meines Mandanten sagte als Zeuge aus, danach waren die Sachverständigen am Wort. Am Schluss fragte die Richterin, ob noch Beweisanträge von Seiten der Staatsanwaltschaft oder Verteidigung gestellt würden. „Keine Anträge, Frau Vorsitzende!"

***

Ich nehme einen Schluck Kaffee und blättere gedankenverloren im Akt. Mein Blick bleibt bei handgeschriebenen Zeilen hängen: „Ein langer Sommer geht zu Ende. Ab und zu hat es im Bauch gezwickt. Ein wenig Übelkeit und Erbrechen haben mich geplagt. Und dann ist es immer schlimmer geworden. Die Ärzte haben nicht weiter gewusst."

Es sind die ersten Zeilen eines Tagebuchs. Geschrieben vom Opfer meines Mandanten, das auch seine Ehefrau gewesen war. Sie hatte es begonnen, als – nach der ersten Fehldiagnose „Gastritis" und wochenlangen Untersuchungen – der niederschmetternde Befund vorlag: Metastasierender Bauchspeicheldrüsenkrebs. Lebenserwartung: Drei bis maximal sechs Monate.

***

David und Evelyn F. waren in ihren Fünfzigern und führten eine langjährige, glückliche Ehe. Als begabter Grafiker war er mit Aufträgen gut ausgelastet, sie führte eine kleine Praxis für Physiotherapie. Die erwachsenen Kinder lebten schon außer Haus, das erste Enkerl war unterwegs, sie freuten sich darauf. Man unternahm gern Reisen, für die Pension war eine monatelange Weltreise geplant.

„Maximal sechs Monate." Das soll es gewesen sein? Ihre Pläne, Träume und Sehnsüchte – aus und vorbei? Schlagartig, mit einem einzigen Satz?

Es dauert, bis so etwas ins Gehirn sickert. Bis es dort ankommt. David F. war immer einer gewesen, der Verantwortung trägt. Einer, der sich kümmert, und der letztlich stets eine Lösung fand. Er suchte im Internet nach Ärzten, Behandlungsmethoden, Wunderheilern und Wundermitteln. Das, was er fand, war verwirrend, belastend, erschreckend. Zum ersten Mal in seinem Leben hatte er das Gefühl, dass er vor etwas „anstand". Dass es diesmal keine „Lösung" geben würde.

Mit Evelyn ging es gesundheitlich rapide bergab. Bald war es soweit, dass er rund um die Uhr für sie da sein musste. Sie konnte nicht mehr alleine Nahrung zu sich nehmen, sich nicht selbst reinigen, auch die regelmäßige Einnahme der zahllosen Medikamente musste er in die Hand nehmen.

Ihre Euphorie stand in einem eigenartigen Gegensatz zu ihrem desaströsen gesundheitlichen Zustand. Sie beschlossen, nach fast dreißig Jahren Ehe als Symbol ewiger Verbundenheit nun auch kirchlich zu heiraten. Evelyn hatte sich als Hochzeitsort eine kleine, romantische Kapelle am Land ausgesucht. Doch die Zeremonie musste letztlich daheim stattfinden, da sie die Wohnung nicht mehr verlassen konnte. Sie plante trotzdem eine gemeinsame Reise nach Paris im Mai. Er ließ ihr die Illusion. Manchmal ging es ihr ja auch besser.

***

Es war eine eiskalte Januarnacht, als sie wieder von ihrer unheimlichen Ruhelosigkeit heimgesucht wurde. Sie fuhr hoch, irrte in der Wohnung umher, murmelte Unverständliches. Diese nächtliche Unruhe war immer ein Vorzeichen gewesen. Die Ankündigung einer sich anbahnenden, drastischen gesundheitlichen Verschlechterung. Er tat alles, um sie zu beruhigen, deckte sie zu, tätschelte ihre Wangen. Bis sie endlich wieder zur Ruhe kam, war es schon früher Morgen. Er betrachtete ihr friedlich schlafendes Gesicht. Plötzlich schien ihm, als ob genau jetzt, in diesem einen Moment der Stille und des Friedens, ihr gesamtes gemeinsames Leben auf dieses winzige Zeitfenster zusammengepresst worden wäre. In diesem Augenblick geschah etwas mit ihm. Sie fiel ihm endlich ein, die Erlösung. Jetzt, in diesem heiligen Moment, würden sie gemeinsam in den Tod gehen. Er legte seine Hände auf ihren Hals. Es schauderte ihm, wie dünn er inzwischen geworden war, er konnte ihn zur Gänze mit seiner Hand umklammern. Er drückte zu. Sanft, fast zärtlich. Aber dennoch ohne Unterlass, minutenlang. Sie wehrte sich nicht.

„Durch meine Art des Denkens habe ich uns alle ins Unglück gestürzt..."Als sein Sohn sein wenige Minuten nach der Tat geschriebenes, völlig wirres Email las, alarmierte er die Rettung. Wie die Ärzte später feststellten, hätte der von David F. nach der Tat eingenommene Cocktail aus Medikamenten und Whisky den sicheren Tod bewirkt, wenn man ihn umgehend nicht ins Spital eingeliefert hätte.

Ein paar Tage später gestand er den einvernehmenden Beamten noch im Spitalsbett, seine Frau erwürgt zu haben. Er kam Untersuchungshaft. Die Staatsanwaltschaft erhob Anklage wegen Mordes.

***

Mein Handy läutet, ich hebe sofort ab. Aber es ist nicht das Gericht, sondern eine Klientin, die sich nach ihrem Akt erkundigt.

Nachdem ich aufgelegt habe, schweifen meine Gedanken wieder zur heutigen Verhandlung. War mein Plädoyer für die Geschworenen überzeugend gewesen? Ich hatte es mit dem Satz „Das Leben hat mehr Facetten, als der Gesetzgeber es sich vorstellen kann" eingeleitet und dann versucht, den acht Laienrichtern die extreme psychische Ausnahmesituation darzulegen, in der sich mein Mandant befunden hat. Deshalb sei er nicht wegen Mordes, sondern nur wegen Totschlags zu verurteilen. Einen Totschlag begeht, wer sich durch eine allgemein begreifliche Gemütserregung, also unter dem Einfluss eines schweren psychischen Affekts, dazu hinreißen hat lassen, einen anderen zu töten. Die Strafdrohung ist weitaus geringer: Während auf Mord eine Strafe von zehn bis zwanzig Jahren oder lebenslang steht, sind es bei Totschlag fünf bis zehn Jahre.

Ich bestelle einen zweiten Capuccino. Sie haben mir doch aufmerksam zugehört, die Geschworenen, beruhige ich mich selbst. Als ich zum Beispiel gesagt habe: „Dieser Mann steht heute wegen Mordes vor Gericht, weil er von Anfang an ein umfassendes Geständnis abgelegt hat. Ich bin davon überzeugt, dass seine Frau dies nicht gewollt hätte. Er hat sie unendlich geliebt. Er konnte nicht zuschauen, wie diese grässliche Krankheit sie vernichtet. Er hat sie erlöst. Hier eine langjährige Strafe wegen Mordes zu verhängen würde gegen jedes natürliche Rechtsempfinden verstoßen."

Ich blicke auf meine Armbanduhr. Die Geschworenen beraten jetzt schon mehr als eine Stunde. Ich bin immer noch zuversichtlich, aber meine Nervosität steigt. Man weiß nie. Die Staatsanwältin war ehrgeizig, sie kämpfte fast verbissen um ihre Mordanklage: Der Angeklagte habe aus egoistischen Motiven gehandelt, weil er mit der Pflege seiner Frau überfordert gewesen sei, versuchte sie den Geschworenen einzubläuen. Ein rechtstreuer Mensch bringe seine Frau nicht um, auch wenn sie sterbenskrank sei!

Dann kam der psychiatrische Sachverständige zu Wort. Professor Dr. Peter Hofmann, einer der besten seines Fachs. Das, was der Seelenexperte den interessiert lauschenden Geschworenen schilderte, war nichts anderes als die Chronik einer sich anbahnenden Katastrophe. Der Schlüssel zu dieser Tat, erläuterte er, liege in der Persönlichkeitsstruktur des Angeklagten. Vorweg: David F. sei zum Tatzeitpunkt voll zurechnungsfähig gewesen. Er weise keine Persönlichkeitsstörung auf, wohl aber sei er in seiner Persönlichkeit akzentuiert: Er sei nämlich ein Mensch, der Schwierigkeiten damit habe, sich anderen anzuvertrauen und Hilfe zu holen. Er sei es gewöhnt gewesen, mit seinen Problemen alleine fertig zu werden. Die Situation mit der schweren Krankheit seiner Frau jedoch habe ihn heillos überfordert. Er habe sich mit der Zeit völlig zurückgezogen, sei allmählich in eine tiefe Depression verfallen, aus der er nicht mehr herausgefunden habe. Seine Gefühlswelt sei völlig fokussiert gewesen auf die furchtbare Krankheit seiner Frau.

„Jetzt würde ich anders handeln", hat mein Mandant daraufhin schluchzend erklärt. „Ich würde mir Hilfe suchen. Auch psychologische." Es wirkte ehrlich. Und überhaupt war er sehr authentisch, davon bin ich überzeugt. „Was übrigens diese Euphorie betrifft, in der sich die Getötete in ihren letzten Lebenswochen offenbar befunden hatte, so stellt dies tatsächlich ein wissenschaftlich nicht geklärtes Phänomen dar. Totgeweihte geraten mitunter in eine Hochstimmung, über die man sich nur wundern kann. Auch dann, wenn sie kaum Opiate einnehmen", erläutert der Sachverständige abschließend noch.

Evelyn F. hatte sich geweigert, regelmäßig Opiate und Schmerzmittel einzunehmen, weshalb der Gerichtsmediziner in ihrem Gewebe keine Rückstände davon gefunden hatte. Ach, die Gerichtsmediziner. In den meisten Mordprozessen verursachen ihre Aussagen ein gewisses Unbehagen auf Seiten der Verteidigung. Ihre gnadenlos detaillierten Beschreibungen, wie Menschen durch fremde Hand grausam zu Tode gekommen sind, sorgen oft für Abscheu vor dem Menschen, der dafür verantwortlich ist und jetzt auf der Anklagebank sitzt. Diesmal jedoch ist sogar der Gerichtsmediziner Wasser auf den Mühlen der Verteidigung. Der körperliche Zustand der Getöteten, so führte er aus, sei schon dermaßen moribund gewesen, dass wohl jeder Arzt ohne Totenbeschau einen Totenschein mit dem Vermerk „Tod durch multiples Organversagen infolge Krebserkrankung" ausgestellt hätte.

Nach der Strafprozessordnung darf ich als Verteidigerin mein Schlussplädoyer nach jenem der Staatsanwältin halten. Heute habe ich wieder mein ganzes Herzblut hineingelegt: „Der Druck auf meinen Mandanten ist von Tag zu Tag stärker geworden. Bis er sich in jener frühen Morgenstunde mit einem Mal in dieser Tat entladen hat. Der frühe Morgen, das ist jene Zeit, zu der tief schlummernde Ängste mit aller Grausamkeit ins Bewusstsein dringen. Mein Mandant wurde fortgerissen von seiner tiefen Verzweiflung. Wer würde ihn nicht verstehen?

Das, was er getan hat, kann doch niemals Mord sein." Ich habe ein bisschen gewartet, bis meine Worte sich setzen, um dann hinzuzufügen: „Das einzig Tröstliche ist, dass die Frau wohl sanft hinübergeglitten ist..."

Es war einer der wenigen Fälle, in denen sich die Staatsanwältin nach dem Plädoyer der Verteidigung nochmals zu Wort meldete, um den Geschworenen zu erklären: „Beim Totschlag kommt es darauf an, ob ein rechtstreuer Durchschnittsmensch genauso gehandelt hätte. Das ist hier sicher nicht der Fall. Eine Krebserkrankung, und sei sie noch so aussichtslos in der Prognose, rechtfertigt keine Tötung. Es war Mord!" Die Mienen der Geschworenen blieben ausdruckslos. Die harten Worte der Staatsanwältin, so sagt mir mein Gefühl, haben sie nicht erreicht.

***

Erneut reißt mich das Läuten meines Handys aus meinen Gedanken. Diesmal erscheint „anonym" am Display. Das Gericht. „Die Geschworenen sind so weit" erklärt mir die Gerichtbedienstete. Ich bezahle rasch, packe meine Akten in den Rollwagenkoffer und eile zum Verhandlungssaal.

Kurz darauf trifft auch die Staatsanwältin ein. Die Gerichtsbedienstete führt uns in das kleine Beratungszimmer der Geschworenen, wo inzwischen auch schon die drei Berufsrichter Platz genommen haben. Der Obmann der Geschworenen bringt uns das Abstimmungsergebnis zur Kenntnis: Kein Mord, sondern Totschlag. Das haben die Geschworenen im Stimmenverhältnis acht zu null entschieden.

Anders als der „Wahrspruch", der von den Geschworenen alleine gefällt wird, sind die Berufsrichter bei der Ausmessung der Strafe anwesend. Das dauert in der Regel nur mehr wenige Minuten, weshalb die Gerichtsbedienstete schon einmal in der Justizanstalt anruft.

Kurz darauf wird mein Mandant zur öffentlichen Urteilsverkündung vorgeführt. Ich flüstere ihm das Abstimmungsergebnis ins Ohr. Ich spüre, wie er aufatmet. Einer der Justizwachebeamten klopft ihm freundlich auf die Schulter und sagt: „Siehst, jetzt hast es überstanden."

***

Es werden sieben Jahre. „Es sind generalpräventive Gründe, weshalb wir hier nicht die Mindeststrafe von fünf Jahren verhängen konnten", erklärt die vorsitzende Richterin. „Ein Urteil hat auch eine Signalwirkung. Auch wenn Ihr Handeln unter diesen Umständen begreiflich war, so war es doch nicht rechtens. Niemand hat das Recht, über Leben und Tod eines anderen zu entscheiden. Es kommt nicht darauf an, wie sterbenskrank jemand ist, Leben bleibt Leben. Das menschliche Leben ist das höchste Gut unserer Rechtsordnung."

Ich spaziere über den Rathausplatz in meine Kanzlei. Die kalte, frische Winterluft tut gut. In zwei Wochen ist Weihnachten. Die Straßen sind von Lichterketten gesäumt, aus den vielen Punschständen ertönt Weihnachtsmusik. Bei einer Hütte bleibe ich stehen, weil es so verführerisch nach Lebkuchen duftet. Ich gönne mir ein kleines Stück davon, es ist ein Christkind mit Zuckerglasur, bevor der Alltag weitergeht. In der Kanzlei warten schon ein paar Klienten auf mich.

SCHLUSSWORT:

Gedanken einer Strafverteidigerin

Es waren seine Augen, die mich damals auf eigenartige Weise berührt hatten: Groß, dunkel, von einem dichten Wimpernkranz umgeben. Sie hatten mich flehend, fast unschuldig angeblickt. Er war gerade mal neunzehn, wirkte aber viel jünger. Er war in Untersuchungshaft, weil er einen Menschen auf bestialische Weise totgeprügelt hatte. Das Gericht wies ihn in eine Anstalt für geistig abnorme Rechtsbrecher ein. Das ist zwei Jahre her, und jetzt hat er mir einen Brief geschrieben: „Bitte besuchen Sie mich. Ich möchte therapiert werden."

Wir sitzen einander im Besucherraum einer Sonderjustizanstalt gegenüber. Er hat nichts Kindliches mehr an sich. Er trägt einen engen schwarzen Rollkragenpulli, was seine extreme Blässe und seinen feingliedrigen, schlanken Körper betont. Seine Augen sind immer noch wunderschön, aber sie sind härter geworden. Er spricht langsam, wählt seine Worte mit Sorgfalt. Als ob er sich zurückhalten müsste. Doch ich spüre sie. Sie liegt zwischen uns, durchströmt den Raum, umspielt meinen Nacken, gleich einem kalten Hauch. Seine verhaltene Aggression. Als er aufsteht, bemerke ich, wie groß er ist. Er scheint meine Gedanken erraten zu haben: „Ich bin in der Haft noch ein bisschen gewachsen."

Am Weg in die Kanzlei lasse ich meinen Gedanken freien Lauf. Er wirkte auf mich wie schönes, gefährliches Raubtier in einem Käfig. Eine schwarze Blume des Bösen. Darf ich so über einen Menschen denken, der ein unfassbar grausames Verbrechen begangen hat? Werde ich ihm helfen können? Ein steiniger, harter und langer Weg liegt vor ihm. Niemand weiß, ob und wann er je entlassen wird. Der Maßnahmenvollzug, vom großen Justizreformer Christian Broda[1] einst als Chance und Therapie für psychisch kranke Straftäter gedacht, ist längst zur Verwahrungsanstalt für jene verkommen, die man in der Gesellschaft nicht mehr haben will. Sorgen bereitete der Justiz allerdings, dass die Zahl der Untergebrachten mit den Jahren stetig anstieg, was die Anstalten an ihre Kapazitätsgrenzen brachte. Dem soll nach der jüngsten Gesetzesreform nunmehr dadurch entgegengewirkt werden, dass die Einweisungsvoraussetzungen verschärft wurden. Die der Einweisung zugrundeliegende Straftat muss mit einer mehr als dreijährigen Freiheitsstrafe bedroht sein, außer es liegt eine „besonders hohe Gefährlichkeit" des Täters vor. Weiters sollen vermehrt spezielle Justizanstalten als therapeutischen Zentren eingerichtet werden. All das mit dem Ziel, den Maßnahmenvollzug wieder seinem eigentlichen Zweck „Therapie statt Strafe" anzunähern.

Ich bezweifle jedoch, dass sich im Maßnahmenvollzug so rasch etwas ändern wird. Nicht zuletzt deshalb, weil es an Ressourcen für eine adäquate Behandlung mangelt. Vieles scheint am Geld zu scheitern, manchmal wohl auch am fehlenden Willen. Psychisch kranke Straftäter sind ein Randthema, mit dem man keine Wählerstimmen gewinnt.

Als Strafverteidigerin jedoch bin ich nahezu täglich mit dem sogenannten Bösen konfrontiert. Ich werde oft gefragt, wie ich mit so viel „negativer Energie" umgehen könne. Ich finde jedoch, dass Anwälte in Zivilverfahren viel stärker mit den negativen Aspekten des menschlichen Daseins konfrontiert sind. Ihr Leben ist oft geprägt von gehässigen Scheidungskriegen, engstirnigen Nachbarschaftsstreitigkeiten, verbissenen Obsorgeverfahren. Als Strafverteidiger trete ich erst auf den Plan, wenn es „schon geschehen" ist. Wenn sich der Druck entladen hat. Wenn jemand schwer verletzt oder zu Tode gekommen ist. Furchtbares ist geschehen, die Welt eines Menschen liegt in Trümmern. Es ist meine Aufgabe, ihn nach besten Wissen und Gewissen zu verteidigen. Es beginnt die Zeit des Aufarbeitens. Der Reinigung. Es ist eine Zeit des Heilens verwundeter Seelen, von Opfern, Angehörigen und Tätern. Die Welt der Strafverteidigung liegt fernab von kleinlicher Recht-

[1] österreichischer Justizminister von 1960 bis 1966 und 1970 bis 1983

haberei und Niedertracht. Für mich erreicht sie fast schon eine spirituelle Dimension: Der Mensch ist nackt in seiner Schuld.

MIX
Papier aus verantwortungsvollen Quellen
Paper from responsible sources
FSC® C105338
FSC
www.fsc.org